青春文庫

お金持ちになる勉強法

身につけたことが即、お金と夢につながる

臼井 由妃

青春出版社

はじめに

あなたは、今の収入に満足していますか？

ほとんどの方が、「満足していない」と考えるはずです。

収入は多いに越したことはありませんし、仕事をするならば、見返りは大きいほうがいいに決まっています。

それでは、収入を増やすためには、何をしたらいいのでしょうか？

「会社に隠れてアルバイトをする」

「投資で儲ける」

「残業をして稼ぐ」

というような荒業を考える方もいらっしゃるかもしれませんが、それらはリスクを伴います。

心身ともに疲れ果て、稼ぐどころかお金も信頼も失いかねません。

賢明なあなたならば、勉強をして、何かしらのスキルを身につけ、今よりも高いレベルの仕事を成功させ、収入を増やすという「お金持ちになる勉強」をする道を選ぶでしょう。


「社会人になっても、勉強するの？」

ただでさえ忙しいのに、その上勉強が加わったら自由な時間がなくなる！

そんな声があがるのもうなずけます。

しかし、勉強をして収入が増え、今よりも充実した暮らしができる。輝きあふれる未来が約束されるとしたら、「勉強」するのも悪くないと、思うのではありませんか。

社会人が行うべきは、「お金持ちになる勉強」なのです。


これまで、気合を入れて勉強をはじめたものの、満足のいく結果が得られず、あきらめてしまったという方や、勉強時間が捻出できずストレスを感じ、途中でリタイアしたという方もいらっしゃるでしょう。

社会人で、勉強のためにたっぷり時間が取れるという方などいません。

ですから、手っ取り早く身につけるしかない、時間も労力も最小限に抑え目標を達成する方法ならば、忙しいあなたにもできるはずです。

「勉強をしたいけれど、仕事をしながらではムリだ」と、尻ごみをしているあなた。

あなたの気持ちが、私にはよくわかります。かつての私は、「忙しい」を理由にしては、何度も勉強をあきらめ、投げ出した経験を持っていますから。

1日が24時間なのは、誰でも同じです。

忙しいのはあなただけでは、ありません。

それに、時間があったところで、やり方が間違っていては、効率が上がらないのが勉強なのです。

本書を読めば、これまで、いいと思ってやっていた勉強法が、きわめて効率の悪いものだったことがわかります。

私は、30代の後半から、資格や試験に挑戦してきました。病に倒れた夫の後を継ぐ形で経営者になって間もない頃、もっとも多忙を極めていた時期にはじめた勉強は、忙しさとの闘いでした。

何度も挫折しそうになる中、理学博士号や宅地建物取引士、行政書士などの国家資格、MBA、英会話習得という成果を得ることができました。

それは短大を卒業して就職したものの吃音《きつおん》が原因で、わずかひと月で退職。その後も人づきあいが苦手で、職場になじめず50を超えるアルバイトで33歳まで食いつないできた**自分を変えたい。スキルもキャリアもない、ダメな自分から抜け出したいと思ったことが、発端でした。**

学歴を名刺に入れればひんしゅくを買うが、資格ならば堂々と書けてPRになる。そこから仕事の幅が広がり収入が増える——。

都合がいいことばかりに聞こえるかもしれませんが、そう理解し、およそ5年で身につけた資格や知識は、今もすべて使い、**私の予想をはるかに超えるお金をもたらしました**。

今では、資格や勉強についての寄稿やビジネス書の執筆、マスコミ出演、講演会や経営コンサルタント業までこなしています。

自信も誇りもなかった私が、

「自信をつけるには、どうしたらいいのでしょうか？」

「三日坊主の私でも、勉強は続けられますか？」

なんて相談に乗っているとは、想像もできなかった展開になっています。

やり方さえ間違わなければ、あなたも短い時間で楽しく身につけお金を稼ぐことができるのです。

「時は金なり」といいますが、勉強に必要以上の時間や労力をかけるのはムダづかいとしかいえません。

難関資格取得に長い年月を費やす人を否定はしませんが、最高峰ともいえる

「弁護士」になっても、お金と縁が薄い人はいるのです。

仮に取得まで3年という優秀な方がいたとしても、勉強時間とそれに見合うリターンを考えたら、挑戦することをためらうのではないでしょうか。

天才タイプでも秀才タイプでもない、私でもできたのは、「何か勉強しよう」ではなく「お金持ちになる勉強法」を意識したからです。

社会に出ると、学力とは別の次元で仕事の成否が決まったり、働き盛りと呼ばれる年代の人が理解していることを知らなくて、陣頭指揮をとれなくなったり、自分の力不足を実感することがあるでしょう。

私自身が似たような状況にあって苦しんだからこそ、伝えたいのです。

- 「手っ取り早く」身につける法
- 「さっさ」とお金にかえる法

この2つをあわせて「お金持ちになる勉強法」としました。

本書には何を勉強すればお金持ちになれるのか、忙しい人が勉強時間をつくる方法や資格試験の合格術等、網羅していますが、突き詰めるとこの2点になります。

それは、すぐに身につき（＝ローコストで）、すぐにお金になる（＝ハイリターン）、速さと効果を兼ね備えた、忙しいあなたにふさわしい勉強法です。

本書に書かれているのは、知識を詰め込むものではありません。ビジネスパーソンとして成長し、「お金を稼ぐ力」を身につけ、より素晴らしい人生を歩む自分になることを目的としています。

この本を持ち歩き、実践してほしい。読み倒し、汚して、本書の内容をあなたのものにしてほしいのです。あなたを奮い立たせる原動力として、そばにおいてくださいね。

本書を読まれたあなたが、自信をつけ成果を実感して成長していく。
いつのまにか、いいことが起こり始め、幸運がもたらされる。
「お金持ち」になる。
ビジネスという戦場で戦うあなたの武器づくりのきっかけになれば幸いです。
あなたの成功を、心から願っています。

臼井由妃

お金持ちになる勉強法　目次

Part 1 お金持ちになる勉強の法則
――ローコスト・ハイリターンで自分を変える

Part 2 あなたをアップグレードする目標の立て方&計画のコツ
——継続は成果なり！

Part 3 勉強は「要領」！——身につけたい学びのテクニック

Part 4 スキマ時間を制する者は勉強を制する
——最小の時間で最大の成果を得るために

カバーイラスト　内田コーイチロウ
本文図版作成・デザイン　岡崎理恵
編集協力　オメガ社
DTP　フジマックオフィス

Part 1

お金持ちになる勉強の法則

――ローコスト・ハイリターンで自分を変える

1 短期間で身につき、すぐにお金にかえる勉強を始めなさい

仕事に活かせない「資格」＝「死格」

お金持ちになりたい人がすべき勉強とは、短期間で形になるのはもちろんですが、かけた時間や労力が、すぐに恩恵となってくるものです。

さっさと身につけ、すぐにお金にかえられる勉強でなければいけません。

持っているだけで満足する「資格マニア」になりたければ別ですが、ビジネスに活かすことができない資格は「死格」、何の利益ももたらさないのです。

難関資格であろうと、誰でも取れる認定資格であろうと、資格そのものに格差はありません。私がすすめるのは、労力が最小限でリターンが大きいもの、スランプや焦りを感じる前に身につく勉強です。

国家資格ならば、不動産資格の基本といえる「宅地建物取引士」や「行政書士」、認定資格ならば簿記やパソコン関連の資格です。勉強期間は3カ月から、長いものでも1年程度、効率良く勉強すれば1回で合格可能な資格です。

お金持ちになる人は、すぐにお金にかわる勉強をしている

社会人が勉強をするときには、自分の給料を意識することもモチベーションを高める秘訣です。


そこで活きてくるのが「時間価値」を知ること。

たとえばあなたの月収が30万円。1日8時間、20日間働くとして計算すると、
30万円 ÷ 160時間＝1875円。

あなたの「時間価値」は1875円ということになります。1時間ダラダラ勉強していたら「1875円」が無駄になるという意識を持つ。

お金の価値を考えながら勉強するのは、お金持ちになる勉強として欠かせな

いこと。そして「時間価値」を認識している人は、勉強で成果を出せるのはもちろん、仕事もできる。「お金持ち」になる人です。

ここが、「合格すればお金は取り戻せる」、「先行投資をケチってはいけない」などと、多くのテキストを購入したり、複数の講座に通い勉強をして、無駄に時間やお金を使うだけでなく、心身を疲労させ合格ができない「お金と縁がない人」の勉強法と大きく違います。

お金持ちになる人は、合格したらどれぐらいで元が取れるかを計算したうえで、お金になる資格を選び、余計な教材や時間を使わず短期集中で学ぶことができます。

いつ始めるの？　今でしょう

「勉強」は、学生がするものだと、心のどこかで決めつけていませんか？

大人の勉強は人から押しつけられるものではなく、自分から行うもの。

取りたい資格や興味を持てるものがあるのなら、「忙しいから、もう昔みたいに若くないから」と、自分に言い訳をして、勉強をはじめるキッカケを逃してしまうのはもったいない。

「年をとると記憶力が落ちる」と言いますが、記憶は「覚えて、忘れる」を繰り返して定着するもの。

「忘れっぽくなった」という自覚があるのならば、定着するまで復習の回数を増やせばいいのです。

それに今のあなたには、社会経験によって培われてきた、ビジネス現場での応用力や適応力など、学生にはない能力があります。

これはすごい強み、勉強の成果を生み出す「即戦力」なのです。

ですから、勉強を始めるのに「遅い」なんてことはありません。

思い立ったら、吉日です。

あれこれ考えずに踏み出してみましょう。

2 「勉強」が自分を変える

お金にかわる勉強なら娯楽に等しい

「お金持ちになる勉強」を本書では説いていきますが、はじめは人より少しだけ物知りになる、情報通になる。そんなスタンスで構いません。そうこうしているうちに、やる気が高まり学ぶことの楽しみを見出した自分に出会えます。

私が「宅地建物取引士」の資格に挑んだときには、
「経営者ならば身につけておいたほうがよい」

「簡単に合格できるから」

などと、資格の役割や試験の詳細も知らない上に、容易に合格できるという甘い言葉に乗り、とりあえず自宅の近くにあった資格学校の日曜日クラスに申し込みました。

そして通学初日、テキストを渡され合格率を耳にして驚愕しました。

「1回で合格するなんて無理だ」と、弱気になったのですが、同級生をしげしげと眺めているうちに「勝てる」「合格できる」と思いました。

明らかに何年も通学している「カルチャーセンターの〝ノリ〟のベテラン受験生」や、上司や会社からの命令で仕方なく学びにきている、参加することに意義がある「オリンピック型受験生」、カリスマ講師に憧れたり勉強をしている自分に酔いしれている「ナルシスト型受験生」など。

本気で合格を目指しているとは思えない人も含めての闘いだということに、気づいたからです。

こうした事情に気づければ「本気で勉強する自分は合格できる！」と思えるでしょう。

生意気かもしれませんが、そう捉えることでちょっとした優越感や高揚感が湧き、久しぶりに挑む勉強を苦しいとか難しいと感じることがなくなりました。

そして、本気で勉強をしていることで少しずつ自信が芽生え、表情も明るくなり不動産に関する情報や民法等、身近な法律にも興味が湧きました。

気づいた時には「私はこんなに勉強が好きだったんだ」と自分の意外な一面を知り、驚いたものです。

そして「宅地建物取引士」に合格したあかつきには、投資向け物件を見極めて購入し、年利10％で回そうなどと「皮算用」するまでになったのです。

「お金にかわる勉強」を意識することで、勉強は楽しい、娯楽に等しいとハマっていったのです。

あなたの売り物は何？

ビジネスの場では、初対面の方と名刺を交わすことから始まるのが普通でしょう。その名刺を使わずに、面識のない人に自分を知ってもらうのはかなり難しいことです。

肩書きだけで人を判断できるわけではありませんが、相手がこちらを知ろうとする最初の情報が、名刺には書かれている肩書きであることは、紛れもない事実です。

名刺には「○○株式会社経理部長」や「営業課長」と肩書きが書いてあります。社長1人、社員1人の会社であっても「代表取締役」といった肩書きがついていると、それなりの人に見えてしまう。

名刺の肩書きは、今のあなたの能力を推し量られる要素になっているのです。

ところがこの名刺にも、盲点があります。

よほどの大企業でもない限り「どんなビジネスを行っているのか？」はわかりません。流行の「代表取締役CEO」とか「○○コンサルタント」などと書いてあっても、「ああそうですか？」といったところでしょう。

それよりも名刺に書けるレベルの資格や技能を持っていたほうが、あなたへの興味が湧き、瞬時に名前を覚えてもらえます。

10倍、あなたをアピールできるのです。

「○○会社勤務、部署は△△、役職は□□」よりは、大いに役に立ちます。

裏を返せば、社会ではどこの会社に勤め何を行っているかだけでは、通用しない。一流企業勤務だから、公務員だから一生安泰だなどと決め込み、ノー天気なことを言っている人も、経済情勢を考えれば倒産やリストラ、賃金カット、左遷もありえます。

会社を離れたところで、自分は何ができるのか、自分の売り物は何なのか。

問題意識を持つことが、お金持ちになる資格取得の第一歩であり「お金持ちになる勉強法」のカギでもあるのです。

資格を戦略的に使いこなして「お金」につなげる

私の勉強が仕事に活きたケースを紹介しましょう。

理学博士

私の会社が所有している特許など知的所有権は、ほとんどが理学の分野です。商品開発や研究、もの作りの面で大いに役立っています。

化粧品やヘアトニックによるもの、通販市場で人気商品となった潤滑ゼリー等、次々に開発できたのは「理学」。とりわけ応用科学の知識によるところが大きいのです。

新聞で健康コラムを書いたり、講演会で健康法や美容術等を説く機会をいただいたり、有名健康雑誌での特集記事が組まれるようになったのも、この学位のおかげです。

宅地建物取引士

東京銀座に自社ビルを購入したときには、不動産の知識があるからこそ格安で気に入った物件を手に入れることができました。

その後、テナントビルの購入や不動産雑誌への寄稿、講演活動、リゾート物件を探している方への紹介まで、この資格を活用しています。

また司法書士や不動産鑑定士、税理士といった不動産に関わる士業の方々とのパイプができ、人脈が広がったことは、大きな収穫です。

行政書士

行政書士は法律問題の許認可手続きや行政に関わる法律全般のコンサルタントなどを行う資格です。

事業での許認可申請に役立つのはもちろんですが、法的思考力が磨かれ、お客様からのクレームに対しても、冷静な判断で適切な対応ができるようになりました。

それまでの私は感情的に物事に対応するところがありましたが、法律の知識を身につけたおかげで、どんな相手に対しても理路整然と対応できるようになったのには、自分でも驚いています。

英語

「ひとりで海外旅行をしても、会話に苦労することなく買い物やレジャーを楽しみたい」

英語を学び始めた動機は単純なものでしたが、私の予想をはるかに超えて役立つ、お金につながる勉強になりました。

吃音症のうえに赤面症、人づきあいが苦手だった私は、病身の夫の後を継ぐ形で経営者についたものの、営業や接客に苦労をしていました。

相手の顔をまともに見られない、社員であってもビクビクしながら話す。

「陣頭指揮」がとれないなんて、経営者としては「致命傷」だったのですが、日常英会話が話せるようになった頃から、

「明るくなった」

「笑顔がチャーミング」

と言ってもらえるようになったのです。

そして気づいたら、会話をするのが楽しくて、人前に積極的に出るようになり友人や知人が増えていき、

「気配り上手な臼井さん」

「仕切りやの臼井社長」

なんて呼んでくださる方までいらっしゃいます。

英語という武器が、私の性格まで変えてくれたのです。


また自社の商品を海外で販売する際には、通訳なしで臆することなくバイヤーと商談できるようになりましたし、英語を自由に使いこなせるようになったことで、海外の情報もすばやく入手できる。

商品開発をするうえで、大きな恩恵をもたらしてくれました。


他にもMBA（経営学修士）や、栄養士、薬膳コーディネーターなどの学位

や資格を所有していますが、すべて実務で役立っています。

それらは一貫性がないように思えるかもしれませんが、「仕事で使えるか？」「お金になるのか？」という視点は常に意識して勉強をしてきました。

このポイントさえ押さえておけば、難関資格を取得しなくてもいいですし、趣味や教養を高めるための習い事だって構わないのです。

現に会社帰りに書道教室に通い師範にまでなった友人がいますが、勤務している会社の優良顧客への挨拶状やお礼状を任され、収入が増えただけでなく、休日には自宅で書道教室を開き、副収入を得ています。

また税理士として活躍しながら、アートフラワーの教室で学び、クライアントへの贈り物として活用している女性もいます。

資格さえ取ってしまえばそれで即、年収もキャリアもアップするというほど甘くはありませんが、「仕事で使える資格」「お金になる資格」に焦点をあわせれば、キャリアアップも収入もポストにも大きな武器になるのです。

③ 何から勉強したらいいのかわからない人へ

何を学んだらいいの？押さえておきたい3つのポイント

勉強を始めたいけれど、なにを学んだらよいのか、いまひとつわからないという方もいらっしゃるかもしれません。

どんな基準でなにを選んだらよいかを考える時に、参考にしたい3つのポイントがあります。

①興味のあることを選ぶ

今、ブームだからとか、周囲がすすめるから、将来的に稼げそうな資格だからというような、安易な理由で学びたいことを選ぶのは間違いです。

「勉強は楽しい、お金にかかわる勉強なら娯楽に等しい」と。

宅地建物取引士試験に挑んでいた時の、私のモチベーションを表現しましたが、勉強をしている間、一貫して心躍っていたわけではありません。

模擬試験で思うように成績が伸びず落胆したり、どうしても覚えられない法律があったり、受験の追い込み時期と仕事の繁忙期が重なったり……。

「私は何で勉強しているのか？」

答えは、「お金を稼ぐため」であるのは間違いないのに、目的を見失いそうにもなりました。

しかし、不動産物件を見るのも扱うのも興味津々な上に、隣人やお客様とのトラブル等が仮に生じた時に役立つ「民法」を読むのが大好きになっていましたから、ブレずに、合格という目標を達成できたのです。

最終的にはどれだけ興味が持てるか、好きになれるかにかかってきます。

②自分の現在または過去に多少は関連のあることで、比較的達成しやすいものを選ぶ

現在の仕事と関わりがあるとか、学生時代にちょっと学んだことがあるとか、「なじみやすいものを選ぶ」ということです。

不謹慎な話ですが、「社労士」（社会保険労務士）を「過労死」を専門に扱う仕事だと勘違いして、「社労死」だと捉えていたエンジニアの知人がおりますが、

「何でそう考えるかな？」と呆れる私に、「理数系しか興味がないし、仕事には関係ないから」とのこと。

確かに、そうでしょう。仕事に無関係で、これまで関わってこなかった分野の資格や勉強になじむのは難しいもの。

それでは、挫折をするのは目に見えています。

③欲張りすぎない

同時進行でいくつもの勉強をするのは危険です。

学生時代、成績がよかった人の中には、

「私ならば、かけもち受験をして、ダブル合格も可能だ」

「これは自慢になる！」

などと、勉強をなめてかかる人もいらっしゃいます。

現にそうした人を私は数多見てきましたが、ダブル合格どころか1つも目標を達成できないのが本当のところです。

資格取得に「一石二鳥」は、ありえません。

「二兎を追う者は一兎をも得ず」

お金持ちになる勉強法は、1つずつ目標をクリアして徐々にハードルを上げていくこと。

欲張った勉強法よりも「手堅く」が王道なのです。

ブレている自分に気づいたら最初の気持ちに戻ってみる

勉強をはじめると、興味の幅や好奇心が広がりはじめるようになってきます。

私自身、宅地建物取引士に合格をしていないうちに、測量士補のテキストを購入したり司法書士試験のガイダンスに参加してみたり。

宅地建物取引士取得のための勉強に邁進《まいしん》しなければいけないのに、「学びは邪魔にならない」とか「宅地建物取引士合格にも役立つから」と、言い訳をしながら、道を踏み外しそうになりました。

まだなんの目標も達成していないのに目標がブレてしまう、という危険性は誰しも持っています。

早急に軌道修正をしないと、結局どれも全部挫折して終わりという最悪のシナリオになりかねません。

もし、勉強している途中で目標がブレてきてしまったら、勉強をはじめた頃の目的を思い出してください。

「資格を身につけて自信をつけたい」

「仕事の幅を広げてスキルアップしたい」

突き詰めれば「収入を増やす」「お金を稼ぐため」でしょう。

そのモチベーションを明確に思い出しましょう。

迷いが出たら自分を振り返って初心に戻ってみましょう。

あなたの選ぶべき道が見えてきます。

勉強で「変身願望」をかなえる

今までと違う自分になれるのも、勉強のよいところです。

「私はなにをやっても遅い」「人よりも覚えが悪い」「人前でうまく話せない」

というような仕事や人づきあいの問題だけでなく、

「モテない」「彼氏ができない」「センスが悪いといわれる」というような、プライベートや容姿に関する悩みを抱えている人にも、私は勉強することをおすすめします。

勉強は、スキルアップや自信につながるだけではなく、あなたを心身ともに変身させます。

勉強と仕事の関係ならば、腑に落ちるでしょうが、容姿と何の関係があるのかと不思議に思う方も多いでしょうね。

勉強をして一定の成果をあげれば、成功体験になります。

たとえば、ちょっと前までは存在すら知らなかった法律の役割が理解できるようになる。読めても書けなかった「薔薇」や「顰蹙」など難易度の高い漢字が書けるようになる。パソコンのエクセル操作がスムーズにできる。

その分野に精通している方ならばできて当然のような小さな成功体験の積み重ねをするうちに、「デキる自分」を見つけ、自信をつけるのに、勉強は大きな役割を果たすのです。

結果、表情や姿勢、話し方、立ち振る舞いまで好ましい方向に変わっていきます。

経験則ですが、内気だったり、積極的になれない自分に悩みを持っているあなたならば、英会話を勉強すれば「変身」がはかれます。

英語を話す時は、どんな人でもボディランゲージが出ますでしょう。

これによって、自分の内面を自然にさらけ出すことができます。

英会話のよいところは「ものごとをハッキリ言う」クセがつくということ。

発音をハッキリ言わないと相手に伝わらないのが英語の特徴ですから、今まで表現できなかった自分をさらけ出すキッカケになります。

「あなたらしい」は卒業、レアな分野を勉強するのも飛躍のチャンス

立ち振る舞いや話し方には、男性らしさや女性らしさが求められるのは、事実ですが、勉強に関しては「らしさ」にこだわる必要はありません。

女性受験者が少ない「通関士」や「測量士」、男性受験者が少ない「保育士」や「看護師」などに、「女性だから相応しくない」とか「男性だからかっこ悪い」なんて、決めつけず勉強していいのです。

戦略的に、同性が手を出さないことにあえて挑戦してみる、という選択もあります。

それは、未知の分野といってもいい世界ですから、見聞きするものが新鮮ですし、興味をひかれます。覚えることひとつひとつにも、達成感があります。そのうえ同性が少ない業界では、合格した途端に注目を集め何かと話題になります。仮に同じレベルの能力の異性がいたとしたら、はるかにあなたのほうが、仕事をいただけるチャンスがあるのです。

私が「宅地建物取引士」に合格したのは、42歳の時でしたが、その年齢の女性が仕事をしながら一度の受験で合格した例が少なかったのでしょう。

合格体験記を受験専門誌に投稿したところ、採用になり「中高年の受験生にエールを送るような勉強法の連載記事を書いてほしい」と、嬉しいお声をいただきました。

さらに「臼井さん、次は行政書士を目指すというのはどうだろうか？」。

首を傾げる私に、

「一度で合格すれば臼井さんの勉強法の効果が証明される。よし、それで行こう」と、思わぬ展開となったのです。

この発言には「はい、ぜひとも！」とは、即答できませんでした。

行政書士試験は業務に関する、憲法や民法、行政法、商法、基礎法学だけでなく、一般知識として政治や経済、社会、情報通信、個人情報保護、文章理解、行政書士法、戸籍法、住民基本台帳法、労働法、税法等、学ぶべき分野が多岐にわたるだけでなく、当時は合格率5～9％でした。

宅地建物取引士には、運よく3カ月の勉強で合格した私ですが、成り行きとはいっても、「ウエルカム行政書士試験」とは、いきませんでした。

しかし、**こういう流れになったのも「勉強」がもたらしてくれたご縁なのです**。これをきっかけに、私の新たな能力が花開くかもしれないのですから、断る必要などない。挑戦するべきだと決め、『不動産受験新報』（住宅新報社）で1年間、勉強法の連載を続けながら行政書士取得を志しました。

そして合格。

すると複数の出版社から、勉強術の書籍執筆のお話をいただきました。さらに資格学校で講演を行ったり顧問として通信講座の立案をしたり。資格取得がきっかけとなり予想をはるかに超えるスピードで、仕事＝お金がもたらされたのです。

年齢や経験、学生時代の成績、女性だから、忙しいから、時間がないからは関係ありません。

集中して勉強すれば、できないことはないのです。

人気のない資格や苦手な習い事にあえて挑戦するのもあり！

時代に逆行するようなものを勉強してみると、意外な発見に出逢ったりすることがあります。

たとえば、洋裁やデザインを学んでいる人は多くても、和裁を学んでいる人は少ないでしょう。フラワーアレンジメントならば、気軽に学べても「華道」となると、ハードルが高くて躊躇《ちゅうちょ》するかもしれませんね。

さらに言えば「私は不器用だからそういう習い事は向いていない」と、決めつけている方もいらっしゃるでしょう。

かつての私もそうでした。

家庭科の課題で出された雑巾を1枚縫うだけなのに、手指は針で刺し傷だらけ。父にプレゼントしようと手編みのマフラーを編んだのはいいのですが、真っ直ぐにならず「らせん階段状態」。

不器用な自分に呆れてしまいました。

ですから40代半ばまで、手先を使う作業を避け、「手間や労力を考えたら、作るより買ったほうが断然安い」、「賢い選択だ」と、自分に言い聞かせていました。

雑巾とマフラー作りで挫折したのは10代の頃ですから、30年あまり、そうしたことから逃げていたのです。


そんな私ですが、48歳の時に友人が身につけていた手作りの「ビーズのネックレス」の美しさに惹かれ、通信講座で習い始めました。

最初は、同じような商品を購入すればいいと思ったのですが、探せませんでしたし、似たような品物は恐ろしいくらいの高価で販売されていたことを知り、「うまくいけば、お洒落心が満たされる上に、お金になる」と捉えたのです。

習い事であっても「お金になる勉強法」を視野に入れたわけです。

すると驚いたことに、できる。スイスイ作れるのです。

私は、ビーズのアクセサリー作りにハマっていきました。

30年に及ぶ「手芸拒否時代」を取り戻すように、心躍りながらペンダントやリング、ブレスレット、ネックレス、ブローチ……作り続け、自信作をパーティーで身につけたところ、

「素敵ですね」

「お高いでしょう」

なかには、

「凝ったデザインですね、ヨーロッパのメゾンの作品ですか？」

というような質問もいただきました。

「私が作りました」と答えると、

「臼井さんが、こういうことをするなんて意外だ」

「ギャップがあって面白い」と。

ビーズのアクセサリーを通じて、私に興味を抱いていただき、会話が弾み、執筆や講演の依頼をいただいたり、作品の製作を頼まれ、販売もするようにな

りました。

和裁や華道、書道、ケーキ作りやビーズアクセサリー製作など、**習い事レベルはお金にならないと考えるのは誤解です**。

男性に人気がある蕎麦《そば》打ちやプラモデル製作等、趣味の枠と思えることでも、そこに「さっさと学びお金にかえる発想」が働いていれば、学ぶ姿勢が違ってきます。

短期でリターンがなかったとしても、勉強を通じて異世代とつながったり人生の師を持ち、生涯の友人をつくり、ネットワークを構築していける。

勉強は人生を豊かにするツール。

いろいろな引き出しをもち、ひとつひとつがつながるのがゴールなのです。

あの時、ビーズのアクセサリーに出逢っていなかったら、私は「不器用」という烙印を自分で押したまま、一生を終えたでしょう。

あなたにも、眠っている才能が、あるはずです。「どうせできない」なんて決め付けず、はじめてみたら開花することが実際にあるから、勉強は面白いのです。

自分の可能性にフタをしないで、やってみたい！　という興味を優先させるのも、勉強選びでは大切です。

興味のあることリストを作りましょう

あなたの興味のあることはなんですか？

勉強はしたいけど、なにをしてよいかわからない人は、まず、身のまわりで関心のあることから考えはじめるのが一番です。

イラストを描くのが好き、料理を作るのが好き、動物が好き、整理整頓が得意、お酒に目がないなど、それぞれ関心や興味の先、好きなことがあると思います。

イラストを描くのが好きならば、「テクニカルイラストレーション技能士」

や「POPライター」、動物好きならば、「ペットトレーナー」や「ペット介護士」、料理好きならば、「調理師」や「家庭料理技能検定」に照準をあわせるのもいいでしょう。

整理整頓が得意というのなら「整理収納アドバイザー」や「インテリアコーディネーター」、お酒に目がない方ならば「ソムリエ試験」や「唎酒師《ききさけし》」など、学びの対象は数多あります。

あなたがいま一番興味のあることややりたいことを、どんどん紙に書き出してみましょう。

そのなかで最も馴染むものが、あなたが選ぶべき勉強です。

さあ、興味のあることリストを作ってみましょう。

書き込み式 あなたの興味のあることリスト

将来やってみたいこと

……………………………………………………

……………………………………………………

……………………………………………………

……………………………………………………

……………………………………………………

仕事に関して興味のあること

……………………………………………………

……………………………………………………

……………………………………………………

……………………………………………………

……………………………………………………

趣味に関して興味のあること

……………………………………………………

……………………………………………………

……………………………………………………

……………………………………………………

……………………………………………………

あなたの興味のあることはなんですか？

勉強したいけど、なにをしてよいかわからない人は、まず、身のまわりで関心のあることから考えはじめるのが一番。イラストを書くのが好き、動物が好きなどあると思います。たとえば、動物好きならペットの介護やトリミングなど、興味もいろいろ広がります。
あなたがいま一番興味のあること、やりたいことをリストにしてみましょう。

④ お金になる有望資格15選

独立起業におすすめの「5資格」

①行政書士

士業の中では比較的取得しやすい資格です。

効率よく勉強すれば1度の受験で合格できますから、起業するうえでコストパフォーマンスが高いといえるでしょう。

得意分野を見つけ特化した営業を行えば、年収1000万円は十分可能です。

②税理士

行政書士に比べれば勉強期間は長期にわたり、難易度も増しますが、社会人としての経験が活かしやすい資格です。税の申告、書類作成、コンサルティングまで、多方面で需要があります。年収2000万円も十分可能です。

③ファイナンシャルプランナー

お金の流れが見え、コスト意識が高まります。金融や保険関係の資格との合わせワザでさらに活きてくる資格です。

収入格差が大きい資格といえますが、年収2000万円も可能です。

④キャリアコンサルタント

かつて、キャリアカウンセラーと呼ばれた資格は民間資格のみでしたが、複数の民間資格が乱立し、需要増にともない、最近は国家資格「キャリアコンサルタント」が登場しました。労働者にとって、望ましい職業選択やキャリア形成を支援する存在であるキャリアコンサルタントは、さらなる需要拡大が見込まれます。

⑤不動産鑑定士

不動産全般のマーケットは好不況の波があまりないのが、実情です。

なかでも不動産鑑定士は都会だけでなく地方でも需要が高く、収入格差が少ないといえます。

難易度の高い資格ではありますが、年収３０００万円も見込めますから、取得までの勉強期間を明確に決め、本気で挑戦するといいでしょう。

勉強から遠ざかっていた女性におすすめの「5資格」

①カラーコーディネーター

色は、オフィスや自宅、店舗やウィンドー、テレビや雑誌、ホームページなど全ての場所にあふれています。また世相がその年の流行色に反映されたり、色が決め手となってヒット商品が生まれたりと、色彩は文化や時代の流れに大きな影響を与えます。

色の性質や特性など、色彩の知識を身につければ、その効果をビジネスシーンに活かすことができるだけでなく、メイクやファッション、インテリアなどにも取り入れられるのはもちろん、パートナーや家族など大切な人をより魅力的にするためにも役立ちます。

②アロマテラピー

香りで心地よい空間を演出するアロマテラピーの資格は、自分の心身の状態にあわせて香りを選び、自身をケアすることができます。

また家族の健康や体調管理にも「アロマ」の知識は大いに役立ちます。

最近では、インテリアや美容系の職業でも香りが重視されてきましたから、仕事に活かすこともできます。

③整理収納アドバイザー

最近注目株の資格です。

整理収納や掃除のコツなどを学べば、日常生活に活用できるだけでなく、「整理収納アドバイザー」として講演をしたり、書籍の執筆やお客様から整理収納を請け負ったりすることもできます。

④風水セラピスト・住宅鑑定風水インストラクター

風水の視点から心地よい空間作りのアドバイスができる、「風水セラピスト」や「住宅鑑定風水インストラクター」は、部屋の模様替えや家選びの他、住宅関連で働く人のプラスアルファの知識としても役立ちます。

⑤野菜ソムリエ

女優やモデルなどが取得して、話題になっている人気資格です。

野菜や果物の知識を身につけ、その魅力や価値を社会に広めることができるスペシャリスト「野菜ソムリエ」になれば、野菜中心の食事で、肌が綺麗になったり、地域での食育活動や交流が広がったり。

食に関わる仕事に好条件で転職ができたり、セミナーやイベント、メディア出演や書籍の出版など、活動の場は無限に広がります。

キャリアアップにおすすめの「5資格」

①宅地建物取引士

不動産の売買や賃貸の仲介などに不可欠な資格です。

不動産が資産として重要視される日本では、常にニーズが高く国家資格の中でも抜群の知名度と活用度を誇っています。

仕事で活かすことができ、就職や転職の武器にもなります。

法律系の資格の基礎として、宅地建物取引士から行政書士、司法書士などにキャリアアップする人も多く、その活用度は他資格を圧倒します。

②社会保険労務士

社会保険労務士は、労働及び社会保険に関する法律や人事及び労務管理の専門家として、企業経営の要である、人の採用から退職までの労働や社会保険に関する諸問題を始め年金の相談に応じるエキスパートです。

またこれまで労働問題は裁判で解決するのが一般的でしたが、最近では、裁判によらない解決手段として、ADR（裁判外紛争解決手続き）が活用されるようになっています。

そこで活躍するのがADRのうち個別労働関係紛争にかかる業務を行う「特定社労士」の存在。需要は増える一方です。

③TOEIC　TOEFL

企業やヘッドハンターの評価が高い英語力は、営業面にも活きてきます。

共に、英語のコミュニケーション能力を客観的にはかる試験です。

④MOS（マイクロソフト　オフィス　スペシャリスト）

マイクロソフトが認めたオフィス関連のスペシャリストです。

試験合格によって、Word《ワード》やExcel《エクセル》の水準技術を持っていることが認定されれば、キャリアへの貢献度は相当なものがあります。

集中して学べば1～2カ月で取得できるのも魅力です。

⑤販売士

販売士は小売業や流通販売業の健全な発展に寄与し、消費者に満足のいくサービスを提供できるプロフェッショナルです。

消費者のニーズがつかめるとして、販売員や営業マン、企画開発部門に従事されている方におすすめです。

5 学ぶことで手に入る「自信と幸せ」

自分のために時間を使うことで、精神的にゆとりが持てる

これまで「お金持ちになる勉強法」をお話ししてきて、あなたの勉強意欲は高まっていると思いますが、それでも不安をお持ちの方もいらっしゃるでしょう。忙しい合間をぬって勉強をすると、心に余裕がなくなるのではないかと。

それは大きな誤解です。

自分でスケジュールを決め時間を割り振り勉強をすることで、「時間に支配される立場」から「時間を支配する立場」に変わり、余裕がなくなるどころか心にゆとりが生まれます。

「自分のために時間を使っている」という事実が自信をもたらし、精神的なゆ

とりを生み出してくれるのです。

劣等生だった人ほど「お金持ちになる勉強法」が向いている

「学生時代は、成績が芳しくなかったのに、また勉強なんてできるだろうか？」

「大学を卒業以来、勉強とは縁がない」

というあなた。全く、心配はいりません。

学生時代は劣等生だった、勉強した覚えがない、勉強から遠ざかっているという人こそ「お金持ちになる勉強法」が、向いています。

勉強が苦手だった、という意識のある人は、少しでも理解を深めたり、問題が解けたりすると、その喜びは「優等生だった人」の比ではないはずです。

「私には天賦《てんぷ》の才能がある？」

「今までは、それに気づかなかっただけだ」

そんなふうに、どんどん自信をつけて学びを吸収していくのです。

逆を言えば、学生時代に優等生だった人は、「この程度は、できて当たり前」という意識を捨てましょう。

なまじ勉強の仕方がわかっているだけに、資格取得や認定試験で誰もが正解できるような問題を無視して、いきなり難しい問題に手を出したり試験に出題されることなどまずない「重箱の隅をつつくような奇問」に挑んで「こんなはずはない」と、できない自分に打ちのめされてジタバタするのが落ちです。

学生時代の成績と、大人になってからの勉強は別物。

学年1位だったあなたも最下位だった人と同じスタート地点に立ちましょう。「私は頭がいいから難なく合格できる」なんて勘違いは捨て、謙虚な気持ちではじめましょうね。

「お金持ちになる勉強法」には遊び心が欠かせない

勉強はコツコツ続けることが大切なのは、誰しも知っています。

しかし、勉強法を理解しているかといえば、疑問が残ります。

毎日、時間を決めてコツコツ学べば、誰もが目的を達成できるわけではありません。

お金持ちになる勉強法には「遊び心」が欠かせません。


たとえば、仕事がデキる人は、単純作業ひとつをとっても、

「こうしたらもっとうまくいく」

「ここを変えたら、もっとよいものになる」

などと、自分なりに創意工夫をしながら、楽しんで仕事をしています。

ただマジメにこなすだけでは嫌になってしまう作業も、プラス思考で前向きに楽しもうという意識があれば、いつのまにか楽しくなっているもの。

勉強も同じです。

明るく楽しく、大人の勉強を上手にこなしていきましょう。

⑥「時間がない」は言い訳！忙しい人ほどうまくいく

時間をかけるより中身で勝負！密度を高めて効率的に

勉強を効率よく進めるために、大切なのは時間の扱い方です。たくさん時間をかければ、よい勉強ができるとは限りません。決まったタイムスケジュールの中で、効率よく勉強するために大切なのは「時間密度」を高めることに尽きます。

時間を効率よく使うことを考えて実践すると、自分の中に時間活用のノウハウが生まれます。そのなかで勉強量をこなすと、質を高めることにつながり、さらにレベルアップすることができます。

仕事やつきあいなどで限られた時間の中で、どれだけ密度の高い勉強時間を過ごせるかに、「成否」がかかっている。仕事が忙しく、多くの時間を勉強にあてられなくても、上手な時間の使い方を身につけていれば、いままでの1時間の時間密度を2倍にも3倍にも高め、有効に使うことができるのです。

忙しい人ほど、時間の使い方が上手なのはなぜ？

ビジネスの世界では「仕事は忙しい人に頼め」という言葉があります。忙しい人ほど、効率よく時間を使えるため、頼んだ仕事が早くあがってくるという意味です。

実際、仕事がデキる人は、時間の価値をよく知っていて、「時間を上手に使う」「コストの節約」「ムダな作業をへらす」など、ムダをなくすことを常に意識しているもの。

これは先に説明した「時間密度」と深い関係があり、このスタイルは勉強にも応用することができます。それに仕事を時間内に終わらせることができれば、そのぶん勉強に使える時間もふやすことができます。

7 朝型に変えれば、自分も変わる

朝の時間は「ゴールデンタイム」
とりあえず1週間早起きをしよう

勉強をするなら、深夜遅くまで眠い目をこすりながらがんばるのではなく、夜は十分睡眠をとり早起きをして学ぶ「朝型」をおすすめします。

仕事やおつきあいを終え、帰宅。

疲労困憊している夜に気合を入れて勉強をしても、頭に入るものではありません。集中力や判断力が散漫になり、勉強をしているつもりでも、形だけということになりかねません。

一方、きちんと睡眠をとった朝ならば、心身ともに落ち着き、頭もクリアで新しい知識をインプットしていく勉強に向いています。

それに、社会人の場合、平日の夜は飲み会のお誘いや接待、残業があったりと、予定が狂いがちです。

勉強のスケジュールを組んでいても、思い通りにならないのが常でしょう。

ですから、夜はさっさと寝て早朝に起き、出勤までの時間を勉強にあてるのが、好ましいのです。

早朝ならば、訪ねてくる人はいませんし、メールや電話もまずないでしょう。

身支度をしたり朝食を用意する間でも、本を読む、暗記をするなど、ちょっとした勉強ならできます。

こうした**スキマ時間の勉強でも、積み重なったら大きなパワーになります。**

しかし朝は苦手、早起きなんてしたくないという人もいるでしょう。

そんな方は、とりあえず30分でいいですから、**1週間だけ早起きを続けるのはいかがでしょうか？**

1週間続いたら、それを励みに次の1週間もという調子で、リズムをつける。それだけ続けば、もう習慣になったのも同然ですから、勢いにのって1時間、2時間と朝型にシフトしていくといいでしょう。

朝の30分は夜の3時間に値する

経験則ですが、それぐらい朝は効率よく勉強がはかどります。

私が知る限り、働きながら資格や試験などに短期で一発合格する人は、「朝型勉強法」を取り入れています。

新聞やテレビ、インターネットには要注意！ 朝イチ効果を活用するために

朝型の勉強スタイルに切り替えた時、気をつけてほしいのが、「朝イチは勉強！　他の情報は後から入れる」ということです。

新聞を読んだり、テレビを観たりパソコンの電源をオンにしてから1日がス

タートする、という人も多いと思いますが、それは慎みましょう。

クリアになった朝イチの頭に、それらの情報を先に入れてしまうと、勉強内容がすんなり入っていかないのです。

「新聞やテレビ、インターネットよりもまず勉強をする」と決め、朝イチ効果を存分に活用しましょう。

朝が苦手でも大丈夫
やる気にさせる４つの方法

朝は目覚めが悪く、早く起きて勉強なんて私にはムリというあなた。ちょっとした工夫で、早朝にスッキリ目覚めて時間を有効活用できるようになります。そのためのコツを、紹介しましょう。

①音楽を活用する

目覚まし時計の代わりに、音楽をかけることをおすすめします。

お気に入りの曲を見つけておきましょう。目覚まし時計にけたたましく起こされるより、何倍も気分のよい目覚めを迎えられます。

いよいよ試験本番という時や大事な仕事がある日などは、やる気にさせてくれる「勝負曲」を用意しておくと、音楽に背中を押されて、体の芯から燃えてきます。行動に弾みがつきます。

②自由に体を動かす

お気に入りの音楽をかけながら、10分くらい、自由に体を動かします。手足をブラブラさせたり、首や腰をまわしたり。ストレッチをするのもいいでしょう。すると、全身の血行がよくなり、脳が働きだします。

頭と体を朝イチでスッキリさせることで、1日のやる気も違ってきます。

③バナナを味方にする

頭と体の目覚めを助けてくれる大切な要素が食事です。

時間も食欲もあまりないという時には、バナナがおすすめです。

バナナは消化がよく、もたれず、即効性と持続性のあるスタミナ源。

サッと食べられるのもいいですね。

④「ご褒美スイーツ」で早起きが楽しくなる

早起きしても、いまひとつ頭がスッキリしないという時もあるでしょう。

そんな時には、カステラやお饅頭《まんじゅう》など小ぶりのスイーツを朝起きて勉強するご褒美として、自分にプレゼントするといいでしょう。

甘いものをとると、ブドウ糖の働きで頭がハッキリします。

私の場合、**脳細胞がいっせいに動きだす感覚を覚えます。**

甘いものを用意しておけば、それが楽しみで早起きを続けるきっかけになるかもしれません。

試してみる価値はあります。

ただし、量はほどほどに。

また、夜勉強しながら食べるのは、眠れなくなるので注意しましょう。

⑧ 合格の8割は環境整備で決まる

工夫次第で、ちょっとした時間や空間を活用できる

働きながら勉強する人は、机に向かう時間をまとめてとるのは難しいもの。ですから、「その気になればどこでも勉強できる」という意識を持ちましょう。ちょっとした時間や空間を活用することをおすすめします。

通勤や移動時間をフル活用するほか、意外に集中できる場所である電車をもっと役立てるなら、受験生時代に私が行っていた「山手線1周勉強の旅」も、おすすめです。

「山手線1周」は約1時間。私は、比較的乗降客が少ない時間に着席して、当時住んでいた「五反田」を起点に、五反田にもどってくるまでの1時間を、過

去問を説いたり苦手な条文を暗記したり、集中して学んでいました。

山手線でなくても、あえて電車を乗り越すのも、仕事帰りにちょっとした勉強時間を確保するのにはいいのではないでしょうか。

そのほか、お風呂の中では「ひとり問答」してみるというのもいいでしょう。「ひとり問答」とは、覚えたての暗記問題や苦手な分野から、自分で声に出して出題し、自分で答えるというもの。

私はお風呂のほか、自宅のトイレでは法律の条文を暗記したり、英語で歌うなどしていました。

また、覚えたいことを携帯に録音して持ち歩けば、歩きながらや信号待ちの間、待ちあわせの間にも聴いて確認ができます。

心地よい空間づくりから はじめよう！

勉強は机の上だけでするものではありませんが、形から入るとスムーズに勉強できるのも事実です。ですから、お気に入りの勉強机を選ぶとよいでしょう。

資格取得や試験合格した後には、ここが「オフィス」になると捉えれば、決して、ムダな買い物にはなりません。

「資格取得」をしたらこんな仕事をして、評判を呼びクライアントから信頼を集め、メディアから取材をうけたり講演の依頼が舞い込んだり。寄稿をしたり。「年収2000万円の行政書士」「新進気鋭のフードコーディネーター」「美人すぎる風水セラピスト」と、華々しく活躍する自分の姿をイメージしながら勉強机を選びましょう。

それはモチベーションを高め、勉強を続ける原動力にもなります。

なお、勉強机の配置には注意を払いましょう。

ドアが後ろにあると視線が気になってしまう人もいますし、ドアが前にあると落ち着かない人もいますから、それぞれドアにも気を配り、勉強机を置くようにしましょう。

また机だけでなく、勉強部屋の環境を整えることも忘れずに。部屋にお気に入りのクッションを集めたり、やる気が出るアロマをたいたり。心地よい空間をつくっておくと勉強もはかどること間違いなしです。

⑨ 健康管理は欠かせない

隠れた必勝法は食生活にある

効率よく勉強を進めるために、健康管理は欠かせません。健康維持のためだけでなく、脳をしっかりと働かせるためにも、重要になるのが食生活です。「忙しいから」「食べたくないから」といって食をおろそかにすると、勉強の効率ダウンにつながります。

頭を使うと、脳のエネルギーが消費されるため、糖質、ビタミンB_1、カルシウムなどの脳の働きに関係の深い栄養素をしっかり補っておかないと、集中力が下がり、1日の時間密度も低くなってしまいます。

特に、1日のはじまりである朝には、しっかりと食事をとりましょう。メニューにも気を配り、腹6~8分目を保つ、これが健康のためにも勉強のためにもベストです。

おすすめ！ 勉強と健康に効くメニュー

①黒ゴマハニーペースト（市販品でも可）

黒練りゴマと蜂蜜を同比率でまぜた「黒ゴマハニーペースト」を常備するのをおすすめします。ビタミンB_1、B_2、ミネラルを豊富に含むゴマと、体内でエネルギーになる蜂蜜のコンビは最強です。

パンに塗ったり、お湯や牛乳で溶いてドリンクにしてもおいしい。

忙しい朝のエネルギー補給にもいいでしょう。

②牛乳

牛乳は、カルシウムの吸収率がとてもよい食品です。牛乳嫌いという方も、抹茶やココアを混ぜると、風味が変わっておいしく飲めます。

③常備菜にはひじきの煮物や切り干し大根の酢漬け

血液中のカルシウム濃度が一定の値に保たれていると、脳や神経に情報を伝えることができ、脳の活動をスムーズにすることができます。

しかしカルシウムは日本人には不足しがちな栄養素のひとつであり、体内で作ることができないため、意識して取り入れる必要があります。

ひじきや切り干し大根など、乾物はカルシウムの宝庫。

常備菜にしておくと、手軽にカルシウム補給ができます。

④食欲のない時には「にゅう麺」がおすすめ

野菜と肉を炒めダシで煮たところに、そうめん適量をゆでずにそのまま入れて煮込みます。とろっとしてさっぱり。食が進みます。

Column 1

人生の節目こそ始めるチャンス！

転職や異動など、社会人には生活が変わる「節目」がたくさんあります。

生活のペースが変わりやすいこの時期は、勉強をしづらいと思いがちですが、実はこの節目こそ勉強を始めるチャンスなのです。

仕事や生活のペースが大幅に変わる時に、はじめから勉強の計画を組み入れると、ペースやサイクルもつかみやすくなるのです。

はじめは、今までに興味のあったことや学生時代に得意だったことなど、まずは覚えやすい勉強を楽しくこなしていき、職場や環境に慣れてきたころに、少しずつレベルの高いものへ手を広げていくという、スタンスでもいいでしょう。

ここまでくれば、勉強する習慣ができているため、苦手なジャンルにも取り組みやすいはずです。

Part 2

あなたをアップグレードする 目標の立て方&計画のコツ

――継続は成果なり！

1 超人的スケジュールの組み方と手帳活用法

勝負は計画づくりからはじまっている

勉強の成果はスケジューリングで決まります！

勉強の目標を設定したら、まずは達成する期日を決めましょう。

たとえば本試験が10月で、いまが3月だとしたら、4月にはここまでマスターする、7月には過去問を解きはじめる、など、具体的なスケジュールを立て、勉強の進捗状況の目安にします。

思いつきで勉強を進めたり、詰めこみ勉強をしたかと思えば、何日もテキストひとつすら開かない。残業や接待、つきあいなどの時間を考慮しないで、キチキチにムリな計画を立てるのは、NGです。
勉強は、毎日少しずつでも行うのが好ましい。**勉強習慣を作らないと、どんなにやさしい試験でも習い事でも、身につかないのです。**

計画づくりのポイントは、「**腹8分目でよしとする**」こと。盛りだくさんにせず、細かいところにこだわらず、ある程度ゆとりを持たせたものにしましょう。

中期↓週間↓日別の順に時間を割り振る

計画の立て方のコツを、順を追いながら説明しましょう。

①中期的な計画を立てる

まずは「○○試験の合格に必要な勉強時間は○○時間」というように中期的

なスケジュールを立てます。

資格試験のガイドブックや合格体験記などに、合格に必要な勉強時間の目安が書かれていますので、参考にするといいでしょう。

②週間計画を立てる

試験日まで何週間あるのかを数えてみましょう。

たとえば「合格まで100時間勉強する」と決めたら、100時間を週の数で割れば1週間に必要な勉強時間が割り出せます。

最後に、割り出した1週間分の勉強時間を曜日ごとに割り振れば、日別計画ができあがります。

ここで注意が必要なのは、**睡眠時間をきちんと確保できる計画**にすること。

「勉強優先だから、この際、睡眠は二の次」

「寝る間も惜しんで勉強しないと合格できない」

などと、考えてはいけません。

やる気も元気も、十分な睡眠がとれていてこそ出てくるというもの。試験までのスタミナもそこにかかっていると心得て、**勉強時間の割り振りをする前に、就寝時間と起床時間を先に決めるのもいいでしょう。**

きっちりしないのが計画のコツ。反省してもつくり直さない

中長期の計画は、あまりきっちりとつくり込まないことをおすすめします。途中で計画が狂った時に、現実との差に嫌気がさしてやめてしまいたくなったりすることもあるからです。

「がんばればここまでできる」ではなく、「ここまでなら必ずできる」という計画にして、確実に達成できるようにするとよいでしょう。

調整時間をつくっておくというのも、策です。

たとえば、週に1日と月の最終日は基本的に勉強の計画はあまり入れないようにしておき、遅れが出てしまった時のための予備の勉強デーにするなど、あ

らかじめ調整日を用意しておきます。

それでも、計画通りにいかないこともあるのが現実です。

そんな時は、「反省はするけれど、後悔はしない」

これに尽きます。

計画を練り直すのも、やめましょう。練り直しているその時間に、勉強を進めたほうが有意義というものです。

スケジュールは変えずに発想を変える！

自分の立てた計画通りにいかない時は、

「ぜんぜん成績が伸びない」

「なんでこんな時に、残業を命じられるのか」

「インフルエンザにかかるなんて、ついていない」

などと、ネガティブな思考にとりつかれてしまいがちです。

週間・日別計画の立て方

Step 1

1週間の勉強時間を割り出そう！

合格に必要とされる総勉強時間 ／ 試験までの日数 ＝ **1週間の勉強時間**

Step 2

実際に受ける試験で計算してみよう！

3か月後に簿記3級の試験を受ける場合

100時間 ／ 13週 ＝ 7.69…… → **約8時間**

Step 3

スケジュールを組んでみよう！

8時間から朝と昼の勉強時間を引いた残りの1時間40分を夜&スキマ時間に自由に割り振ってOK

1週間のスケジュール例

	月	火	水	木	金	土	日
朝	30分	30分	30分	30分	30分	1時間	1時間
昼休憩	10分	10分	10分	10分	10分		
夜&スキマ時間	10分	10分	10分	10分	10分	25分	25分

難関試験の場合

難関試験の習慣計画も同じ計算方法で数字を変えればできます。

5か月後に行政書士の試験を受ける場合

700時間 ／ 21週 ＝ 33.33…… → **約33時間**

	月	火	水	木	金	土	日
朝	2時間	2時間	2時間	2時間	2時間	4時間	4時間
昼休憩	30分	30分	30分	30分	30分		
夜&スキマ時間	1時間	1時間	1時間	1時間	1時間	3時間	3.5時間

そんな時は、発想を変えてみましょう。

計画通りいかなかったのは、あなたのせいでも誰かの仕業でもありません。勉強を妨げる何かが生じただけ。本試験前なのだから、問題ない、今気づけたのだから「ラッキーだ」と捉えましょう。

そんなふうに考え、改善できる点が見つかれば次回に活かす、くらいの気持ちで前進することが大切です。

手帳をフルに活用する使いこなし術

スケジュール管理する手帳にも、知っておくと便利な使い方のコツがいっぱいあります。

私は仕事と勉強、プライベートなど、それぞれの予定をすべてひとつの手帳に集約する法をおすすめします。

手帳は、自分をマネジメントするためのツールです。それが分野別になっていてひと目でわからないというのでは、自己管理ができていないのと一緒です。

また手帳をひとつにまとめると、スキマ時間を見つけやすいという利点もあります。30分でもスキマ時間ができれば、ちょっとした勉強にあてることも十分できます。

小ワザを使って、自分好みのスケジュールを立てよう

手帳をさらに、活用するための工夫を紹介しましょう。

①鉛筆・ペン・太めのサインペンを使い分ける

仮の予定などは鉛筆で、確定したことはペンで、重要なことは太めのサインペンでというふうにすることで、優先順位がわかりやすくなります。

自分でわかるマークを使うのもおすすめです。予定通りになったら◎、ダメだったら×というふうに記号を使いこなすと便利ですし、メモを書く時間の短縮にもつながります。

ごほうびは先に記入しておくこと

木	金	土	日
		1 朝 T36〜40 ♥ 映画 夜 問15〜16	2 朝 1週間の調整or復習 夜 1週間の調整or復習
6 朝 T56〜60 16：00　社内会議 夜 問23〜24	7 11：00 A社打ち合わせ 夜 T61〜65	8 朝 T66〜70 ♥ テニス	9 朝 1週間の調整or復習 14：00 フラダンス教室 夜 1週間の調整or復習
13 16：00　東京戻り (移) 2hr　T81〜85 夜 ×	14 朝 T86〜90 夜 問40〜41	15 朝 T91〜95 ♥ エステ	16 朝 1週間の調整or復習 夜 1週間の調整or復習
20 朝 問54〜57 18：00　社内会議 夜 ×	21 朝 問58〜60 夜 問61〜62	22 朝 問63〜66 ♥ イタリアン 夜 問67〜70	23 朝 1週間の調整or復習 14：00 フラダンス教室 夜 1週間の調整or復習
27 朝 T116〜120 17：00 企画書提出 夜 問7〜74	28 朝 T121〜128 夜 問75〜76	29 朝 問77〜78 ♥ 日帰り旅行 夜 ×	30 朝 1か月の見直し 夜 1か月の見直し

勉強の時間のとれない日は事前に×を記入

1か月の最終日は見直しの日

4月

月	火	水
私は○○に絶対一度で合格!!		余白に目標を書く
3 朝 T41〜45 夜 問17〜18	4 朝 T46〜50 14：00　社内会議 夜 問19〜20	5 朝 T51〜45 夜 問21〜22
10 朝 T71〜75 夜 問25〜26	11 朝 T76〜80 夜 問27〜28	12 名古屋出張 移 2hr　問29〜39 夜 ×
17 朝 T96〜100 15：00 C社打ち合わせ 夜 問42〜43	18 朝 問44〜47 19：00　食事会 夜 ×	19 朝 問48〜51 夜 問52〜53
24 朝 T101〜105 夜 T106〜108	25 朝 テスト 夜 T109〜110	26 朝 T111〜115 夜 問71〜72

- ♥ ごほうび
- 朝 朝の勉強
- 夜 夜の勉強
- 移 移動での勉強
- T テキスト
- 問 問題集

②付箋を活用する

手帳に書ききれない時は、付箋《ふせん》を活用しましょう。

予定を付箋にメモをして貼っておけば、変更になった時には新しいものと貼り替えればOK。

ふとしたひらめきがあった時も、すぐにメモできて、いらなくなったらはがせます。

手帳に、予定以外のことを書き込んではいけないということはありません。

余白の部分を使って「絶対に合格、がんばるぞ」と決意を書いたり、「201X年○○に合格しました、ありがとうございます」などと、完了形で書くことで目標を達成した喜びを先取りして、やる気を高めるのもいいでしょう。

折にふれて、決意ややる気、合格した自分の姿などプラスの言葉を書いていけば、いつでも目について励みにもなります。

2 「やります宣言」があなたをその気にさせる

自分を追い込もう！
周囲に宣言作戦

「よし！　勉強するぞ」と思うものの、なかなか続けるのは難しいものです。

克服するためには、周囲の人に、

「私は○○の勉強をしています」

「一回で合格します」

と宣言する。

後戻りできないよう、よい意味で自分を追い込む作戦がおすすめです。

家族や友達、恋人など、周囲の人に宣言するもよし。失敗したらなにを言われるかわからないような、厳しい人にあえて宣言してみるのも効果的です。

「あなたが勉強？　資格取得だって？　勉強が続くわけないでしょう」

なんて言われようものなら、それこそチャンス。

「なにくそ、絶対やってやる！」

「今にみていろ〜」と堅い信念を抱き、勉強を続ける原動力になります。


勉強は孤独な作業です。

「やります宣言」をすることで、「自分ひとり」という状況を変えてしまいましょう。**「落ちたら恥ずかしい」という気持ちは、自分自身を刺激するプレッシャーになると同時に、大きな励みにもなります。**

モチベーションアップ確実な もうひとつの方法

宣言にも、してよい場合と悪い場合があります。

資格の場合など、スケジュールの厳しい職場などで宣言してしまうと、ちょっとしたミスを「勉強が忙しくて仕事の手を抜いている」と言われてしまったり、「転職するつもりらしい」と上司に報告されたり、といったことになりかねません。

ですから、会社関係の人には勉強していることは秘めておきましょう。

モチベーションアップにつながるもうひとつの方法は、目標を紙に書いて、1日に何度も目にするところに貼っておくこと。

単に「合格！」よりも、「カラーコーディネーターに合格、2年後に独立！」という感じで、より具体的な目標にするのがコツです。

そして、見るだけでなく、大声で気合いを入れながら唱えるのもやる気を持続させ、合格を引き寄せる秘訣です。

目標達成への原動力は、自分自身をその気にさせることから生まれてくるのです。

③ ムリなく続けられる「ご褒美」作戦

誘惑を逆手にとる
自分へのプレゼント作戦！

勉強へのモチベーションを、持続させるのは、本当に難しいものです。

一番よくあるのは、誘惑に負けてしまうこと。

あなたが勉強をしていることを知っている友人が、

「今日ぐらいは、遊んでもいいじゃないか」

「今夜は盛り上がろう」

などと、飲み会や遊びに誘ったとしましょう。

相手は悪気などないですし、毎度断る必要もないと思いますが、だからといって「まあいいか」が続き、勉強習慣が崩れてしまったら、取り戻すのは大変です。

その点は「ダイエット」に、似ているといえるでしょう。

つらいことより楽しいことをしたいという「欲」を持っているのが人間です。だったらこれを逆に利用するというのが「自分へのご褒美」という発想なのです。

単純でギラギラした「欲」のほうが、ご褒美としては効果があります。

「達成したらこれを買おう、あれをしたい」と思っていることを、目標達成後の自分へのプレゼントにします。

「憧れていたレストランで食事」「ほしかったブランドのバッグを買う」など、食欲や物欲をフルに活用しましょう。

この時、視覚に訴える工夫をしましょう。

たとえば、ほしいブランドの服の写真を雑誌から切り抜き、目標を書いた紙と一緒に目につくところに貼っておくと、くじけそうになる気持ちを奮い立たせるのに、一役も二役も買ってくれます。

「ご褒美デー」でメリハリのある勉強生活をおくる

自分の時間のほとんどを勉強にあてている人は「ご褒美デー」をつくりましょう。勉強はつらいのが当たり前と捉えていらっしゃる方も多いのかもしれませんが、好きなことを自由に学べる。

それが自信やスキルアップ、ひいてはお金になると考えたら、勉強に対するイメージもだいぶ和らぐでしょう。

だからといって、勉強漬けの毎日では「できるはずの問題が解けなくなった」「何となくやる気がでない」というように、中だるみを感じてしまうものです。

そうなると、勉強がつらい、苦しいとマイナス思考に傾き、続けるのは難しくなります。

そんな状況を防ぐために、1週間の中で半日、たとえば土曜日の午後には必ず好きなことをして過ごす「ご褒美デー」を決めます。

「ご褒美デー」が待っていると思えば、月~金がつらくても、なんとか乗り切ることができます。

「ご褒美デー」のコツは、半日をあてるなら、午前中は勉強をして午後は遊ぶこと。逆にすると、

「もうちょっとだけ遊ぼう」→「今日は勉強をやめよう」→「まあ、いいか」

ということになってしまいます。

勉強初心者は、「何ページまで終わったらケーキを食べる」「この問題が理解できたら、休憩する」など、「マイルール」を決めるとよいでしょう。

4

夢をかなえるセルフコントロール術

合格後の「セルフイメージ」は、強引なくらいにハッキリと！

人のやる気は浮き沈みの激しいものです。

プラス思考の持ち主であっても、いつもやる気満々で絶好調というわけにはいきません。

これに対処するのは、「合格後の自分の姿」をハッキリとイメージすること。

たとえば、資格学校に通っている人なら、パンフレットにのっている合格者の顔写真の上に自分の写真を貼りつけ「写真立て」に入れておく。

こんなふうになりたい！　と憧れる人の写真を、合格宣言と一緒に貼っておくのもよいでしょう。

フラダンスの講師やジャズピアノの演奏家になるなど、習い事や趣味的なものならば、習い始めたばかりでも、発表会の日程を決めて会場をキープしましょう。友人、知人にPRをするのもいいですね。

「ええ～、臼井さんがフラダンス？　似合わないな」

笑われてもいいのです。

資格取得や認定試験など、実務的なことでなくても、勉強に対する姿勢は、

①さっさと身につけお金にかえる発想を持つ

②目標達成の期限を明確にする

③目指すものと達成期限を宣言する

何ら変わりはありません。

予約もできない先のことであれば、自分の手帳に「ライブ開催」と書き込んだり、それらしい手作りのポスターで部屋に飾るなど視覚に訴えるのがコツです。

言葉からパワーをもらう！
ＮＧワードには気をつけて

自分を成功に導いてくれる、

「私だからできる」

「よっ！　最高傑作！」

「すごい、進歩している」

「さすが、○○さん（自分の名前を入れる）」

など、前向きで自分を励ます言葉や、怠けそうになるときに背中を押す、

「私には才能がある」

「可能性は無限大」

「今やらずにいつやるの？」

「逃げて得になることなどないでしょう」

など。

自分の心になじむ言葉をストックしておき、繰り返し自分にかけてあげましょう。

そうはいってもポジティブな言葉なんて湧いてこない。元気もないという時もあるでしょう。

私は、身近な人に励ましや元気が湧く声がけをしてもらうようにあらかじめ頼んでいます。顔つきが険しくなったら、

「先駆者になるんでしょう?」

メソメソしていたら、

「泣いている間に行動しようよ」

この2つが決めゼリフです。

「つらかったらやめれば」「ゆっくり休んだほうがいいよ」など、やさしい声かけはNGということも、事前にきちんと伝えておきましょう。

5 続けられる人の「周りを味方につける技術」

感謝の気持ちを忘れずに「ありがとう」を伝えること

勉強をはじめるとどうしても、家族や彼、友達と過ごす時間が少なくなりがちです。問題は、そのコミュニケーション不足をどう補うかということ。**周りの人の理解と協力は、勉強を続けていくのにとても大きなカギとなります。**

感謝の気持ちを忘れてしまっては、たとえ一度の受験で資格や試験に合格できたとしても、不平不満が爆発して、「資格は取ったが一家崩壊」という現実もありえます。

いろいろな形で協力してもらっていることへの「ありがとう」をきちんと伝えることが大切です。

最悪なのは「勉強しているのだから、他のことにはかまっていられない」という考え方です。

家族サービスや家事、友人との飲み会や接待ゴルフなど、「勉強しているのだから、かかわらない」という気持ちが少しでもあれば、態度に出ます。

周りの人からすれば、「それが何？　あなたはそんなにエラいのですか？」となってしまいます。

賢明なあなたならば、そんな心配はないと思いますが、

「あなたのおかげで勉強させていただいている」

「ありがとうございます」

周囲への感謝は忘れないようにしてくださいね。

「ありがとう」の気持ちを面と向かって伝えるのが照れくさいという方には、メールや電話、メモで伝えるのもいいでしょう。

パートナーとの上手なコミュニケーション方法

パートナーや恋人とだったら、勉強をさせていただける感謝の言葉を伝えるだけでなく、進捗状況を報告するなど、正直に今の気持ちを伝え理解してもらうのもおすすめです。

あなたの勉強に、関心がないようなふりをしていても、内心は気になっていますし、勉強しやすい環境をつくってあげたい、できる限り協力したいと思っているものです。

よく「妻が協力的ではない」とか「家族は、どうせ合格しないと思っている」など、愚痴をこぼす人がいますが、あなたが「勉強以外は眼中にない」という態度でない限り、身近な人は協力したい、支えたいと思っています。

しかし何をすればいいのか、正直わからない。だから静観したり、時に厳しい言葉になるのです。

その点は理解しましょう。

あなたから申し出て、勉強を手伝ってもらうという策もあります。

たとえば、クイズのように暗記用カードを読んでもらって自分が答えたり、漢字検定を狙っている人は漢字のクロスワードを一緒に解くのもいいでしょう。

少ない時間でもコミュニケーションを忘れないように、心がけましょう。

パートナーや恋人は、最強の応援団です。

心ひとつにすれば、目標達成も決まったようなものです。

情報にまどわされないことが大前提

勉強はひとりでするものです。

仲間なんて必要ないとは言いませんが、仲間をつくるなら、押さえてほしいポイントがあります。

それは、**「情報にまどわされない」**ということです。

勉強がある程度進むまでは、ひとりで黙々とやりましょう。はじめからいろいろな情報にふれてしまうと、合格のハードルが高く感じられたり、「競争相手はこんなに勉強しているのだ」と焦ってみたり。自分以外の人が優秀に見え、自信をなくしてしまうことになりかねません。

勉強仲間をつくるのは、ある程度進んだ段階で、わからない点などが出てきた時にするほうがよいでしょう。

大切なのは、自分の励みになる仲間を選ぶこと。

勉強仲間は、自分と生活環境が似ている人を選ぶのがベストです。仕事をしながら簿記の勉強をしている人であれば、経理や事務職など、比較的似ている仕事をしている人。

年齢が近い、ライフスタイルが共感できるなども「勉強仲間」の要素になります。

合格できず何年も勉強を続けている**「ベテラン受験生」**や、去年はこんな問題が出たから今年はこうだ、なんて口にする**「批評家型受験生」**、自分探しと称してなんとなく勉強している**「自己啓発型受験生」**は**「百害あって一利なし」**。

かかわらないようにしましょう。

彼らからポジティブな話や有益な情報が、得られるはずなどありません。話を聞くうちに、「えっ、そんなこともあるの?」「あれこれ勉強しないといけないのかな」などと、不安になってくるのが落ちです。

考えてみれば、そういう人は受験の経験をたくさん重ねている人。**ずっと合格しない人なのです**。

⑥ 寝る間を惜しむのは間違い！

睡眠時間の確保は最重要課題

仕事をしながら勉強もする、ということになると、どうしても「睡眠時間を削らなくてはいけない」という発想になりがちですが、これは危険です。

睡眠時間をしっかり確保して、勉強に取り組むことが、成果を出すための最重要課題なのです。

計画通りに勉強が進んでいない時は「寝てなんかいられない」、本試験が近づいてくると「他の人は寝る間も惜しんで勉強しているに違いない」という気持ちになりますが、これはまったく逆です。

さっさと身につけお金にかえる、「お金持ちになる勉強法」の恩恵を受けるのは、心身ともに健康で頭の働きがクリアな人。

睡眠時間を削れば勉強時間は生み出せても、「勉強できる環境」は損なわれます。確実に効率が落ちるのです。


快適な目覚めを味わえる、快調に働けるのに必要最低限な睡眠が6時間だとしたら、それだけの時間は必ず確保しましょう。

快眠を覚える時間は人それぞれですから、「8時間眠らないといけない」とか、4時間睡眠ならば合格を手中にできるが5時間寝たら不合格になる「四当五落」などは、根拠のない話です。


そして夜遅くまで勉強するのではなく、朝早く起きてやるようにする。

こうすることで、朝イチのクリアな頭で勉強ができ、試験に備えて朝型に切り替えていくこともできます。

勉強の能率アップのカギは、快眠にあり

スッキリした頭で朝を迎え、勉強をはじめるには、睡眠の質も重要です。寝つきが悪いと、睡眠時間を確保しても効率のよい勉強スタイルにはつながりません。

なかなか寝つけないという人に共通するのは、寝る前にその日の失敗や悩みなどを考え込んでしまうことです。

「今日は仕事でミスをしてしまった、私ってダメだな」と考えるのではなく、「次は同じミスを繰り返さないようにしよう。これでミスの可能性がひとつ減ったぞ」と、都合のよいほうに考えるようにしましょう。その日の悩みはその日にリセット、これを心がけることが、勉強の能率アップにもつながるのです。

その他、ネットサーフィンやメールやラインのやりとりなど、就寝前は刺激になることを控え、ふとんに入ったら眠りに集中。嫌なことは頭から閉め出しましょう。

7 時間を投資！人に会う時間は削るべからず

「お金持ちになる勉強法」では、時間を人に投資する意識が欠かせない

勉強をはじめると、「時間がないから」「忙しいから」と、つい他の部分を切り捨てがちになります。

しかし、時間のムダを省くことに気をとられ、貴重な人と会う時間まで削ってしまっては、将来のためにプラスにはなりません。

起業家や経営者、勢いのある人たちは、どんなに忙しくても人との出会いを大切にします。

人との出会いの中でしか得られないものがたくさんあるということを、彼らはよく知っているのです。

たとえば、勉強で資格を身につけたあとにそれを活かし独立したり、趣味の店を持ったとしましょう。

それまで、人とのつきあいを断っていたあなたならば、誰が協力してくれるでしょうか？「協力なんかいらない」なんて意地をはっても、独立でも開業でも、未知の世界に踏み出すならば、知恵や知識、人脈、ひいては資金援助や投資など、力を貸してくれる可能性がある「味方」は、多いに越したことはありません。

合格までは人づきあいは避ける。誘われたら断るというスタンスでは、せっかく合格しても、そこでストップ。

輝かしい未来は描けない。

持っているだけで役に立たない「死格」や、合格しただけで使いものにならない「落伍者」になり下がります。

資格や試験の成果を存分に活かすためには、勉強中であっても、人と会う時間こそ大切にしましょう。

今ある人間関係からも、学べることがたくさんある

資格を取るための勉強も大切ですが、周りにいる上司や先輩にも、いろいろ教えてもらわない手はありません。

話や意見を聞いたり、わからないところを教えてもらったりすることは、単に目の前の仕事に対処する以上の価値があります。

ものの考え方や仕事の進め方、相手への接し方など、将来的に役に立つことが自然に学べるという部分も大きいのです。

「教わり上手」になるのも、重要です。

わからないことをただ相手に聞くのではなく、一度自分で調べたうえでさらに詳しい人に教えてもらう。すると、学ぼうとする姿勢が相手によく伝わりま

す。「やる気があるな」と思ってもらえれば、有益な情報があなたのところに集まってくるようになるでしょう。

それに、上司や先輩は基本的に「教えたがり屋さん」が多いのです。

「教える」という行為を通じて、コミュニケーションをはかるのは自分が優位に立ちながら相手を成長させることですから、優越感や充実感は計り知れません。

相手を気持ちよくさせて、あなたは学びを増やし、目をかけてもらう。こんないいことはないでしょう。

教わり上手は、お金持ちになるパスポートを手にできる人です。

8 思うように結果がでないときの対処法

スランプは勉強の成果です

がむしゃらに勉強していた時期を越えると、ふっと、

「なんのために勉強しているのだろうか?」

「合格することに意味があるのか?」

などと、目的を見失いかけてしまうことが多いものです。


実際、私にもありました。

勉強は娯楽に等しい、勉強をしている間は、会社でのミスやトラブルも忘れられるというほど、熱中していたのに、誰でも解けるような問題ができない。

苦手な分野が、何度勉強しても克服できない。

そうです、スランプに陥ると悪いことばかり考えるようになります。

勉強のスランプは、仕事のスランプの数倍つらいものです。

会社の仕事は自分ひとりでの成果ではありませんから、グチも言えれば、助けてもらえることもあるでしょう。

でも、勉強のスランプはひとりで乗り越えなければなりません。

どうしたらいいでしょうか？


受け取り方を変えれば、いいのです。

スランプに陥るのは、勉強の成果。ある程度のレベルにまで達したからこそ、突きあたったカベなのです。

逆を言えばきちんと勉強しない人には「スランプ」はやってこない。

「スランプ」を経験するあなたは、目的達成まであと少し。

合格という頂上に上る人は「スランプ」を味わい、乗り越え、本物の実力が身につくと解釈してください。

スケジュールを見直して、形からポジティブに

スランプに陥る理由のひとつは、疲れがたまってきているということ。頭は使うほどに冴えてくるという人もいますが、やはり休養は必要です。そうでないと、「やる気」はあっても体がいうことをきかない。勉強をしているはずなのに、手ごたえを感じられないなど、心身のバランスが崩れてしまいます。

そういう時は、まずはスケジュールの見直しをしましょう。特に睡眠時間のチェックは重要です。試験日が迫ってきたからといって、睡眠時間を削っていないか、熟睡するための環境は整っているかなどを確認して、しっかりと疲れをとるようにしましょう。

思い切って1日勉強しないということも、時には必要です。休んでみると、勉強したくなる自分に気づき、

「勉強がクセになっているなんて不思議」、「私にはこの勉強が向いている」と、実感できたりもします。

前向きになれる要素が思いつかないという時には、アクションや服装、色など形からポジティブにさせましょう。

拳を空に向かって突き上げながら、

「私はできる、できる、勉強ができる女（男）です」

と、大声を出すのもいいですし、心が浮き立つような色を身につけるのも策です。

私の場合は「赤」や「マゼンタピンク」を身につけると、不思議なくらい高揚しますので、模擬試験や本試験の「勝負色」として活用していました。

また言葉ひとつからも、人はポジティブにもネガティブにもなれるものです。

「ダメだ」ではなく「平気！」、「ムリだ」ではなく「できる！」。

こう意識づけることで、自分のメンタルも少しずつ確実に変わっていきます。

それでも自分を見失ったら、自分に質問してみましょう。

やる気が停滞している時には、なだめるように言い聞かせましょう。

「あなたは勉強が好きだよね」、「あなたは○○になりたいんだよね」

と念を押すようにするといいでしょう。

確認できたら、締めは、

「あなたはお金持ちになりたいんだよね」

「はい！」

と明確に声に出す。


自分の本気度を確かめながら、やる気を高めていきましょう。

本屋さんから元気をもらおう

なんだか今日は気分が乗らないなという時、あなたはどんなふうに乗り切っていますか？

すぐに実行できるおすすめの方法は、本屋さんに行くこと。

「えっ？　それだけでいいの」

と思うかもしれませんが、これが効果的なのです。

ただし、いつもおなじみの資格や勉強本の棚は素通りして、自己啓発系の書籍が並んでいたり、ベストセラーが陳列されているコーナーへ進みましょう。


人は、よい意味でとても素直で単純な生き物です。

「大丈夫、きっとうまくいく」

「あなたらしく咲けばいい」

「くじけないで」

「すぐやる人がすべてを手に入れる」

「やる気は5秒で整えられる」

などなど、書籍のタイトルやキャッチコピーをひとつひとつ眺めているうちに「よし、私もがんばるぞ」と、元気をもらえたりするものです。

パワーが充電されたら、体の芯から熱くなって、勉強をしたくなります。

Part 3

勉強は「要領」！

――身につけたい学びのテクニック

① テキストや問題集の失敗しない選び方

入門書ではなく、関連書から入ろう

はじめての分野の勉強をはじめる時には、誰しも入門書に手を出すでしょう。

でも、はじめての人に入門書はおすすめできません。

入門書をいきなり購入して読んでも、専門用語がズラっと並んでいて、わけがわからず混乱します。それだけで、

「やめた！」

「難しい、無理！」

モチベーションが下がってしまうこともあります。

パソコン初心者が、いきなりマニュアルを読んでもサッパリわからないのと同じです。たとえば、インテリアコーディネーターに興味があるのならば、インテリア雑貨や模様替えについての本を買ってみるなど、関連書からはじめると意欲が上がり、勉強に入りやすくなります。

関連書で慣れてきたら、次に入門書、また慣れたらいよいよ専門書と、段階を踏んで理解を深めていきましょう。

本や問題集を選ぶ時のポイント

共著の本は、複数の人が分担して書いており、お互いの責任のありかがハッキリせず、読んでいて心もとないことがあります。

また、「編著」「監修」とあるものは、プロが最終チェックのみ行っている場合も多く、内容をよく見て買う必要があります。

その道の権威と呼ばれる人の本は、あたりはずれの差が激しいのも知っておきましょう。

安心感はあっても、難解な言葉を使っていることが多くわかりにくいことも多いため、著者にこだわらず**「難しいことをわかりやすい言葉で説明している本」を探しましょう。**

資格学校に在籍している専任講師が書いている本は、よくも悪くもその学校のカラーが出ていて、「合格率〇〇%！」など魅力的なキャッチコピーも多いのですが、反面「手前ミソ」な部分もありますから、よく見極めて購入しましょう。

本の最後（奥付）には、出版された日付があるのでチェックも忘れずに。日付が古いと、最新の受験に対応していなかったり、初版のものは誤植があることもあるため、できれば2刷目以降のものを選ぶといいでしょう。

テキストと問題集の賢い選び方

テキストはできるだけ薄く、余白のあるものを選びましょう。

余白があれば、書き込みもできて便利です。

また、欲張らずに必要最小限のことが書いてあるものがおすすめ。薄くてもすべてを理解するのはそう簡単なことではありません。試験対策としては、薄いテキストで十分です。

また、持ち歩きやすい大きさのものを選ぶことも大切です。


問題集は、どれもそれほど大きな違いはありません。使いやすさを重視して選ぶとよいでしょう。

解答ができたかどうかの「チェック欄」があるものが、おすすめです。このチェック欄も、3回分くらいあると便利です。それは最低でも3回は繰り返し学ぶという意味です。

そして**ビリビリ破りやすいのも、実は重要な要素です**。

こういうスタイルの問題集ならば、何枚か破いて携帯し、信号待ちの間や電車の待ち時間など、ほんの2～3分でも勉強をすることができます。

ただし予想問題集は、あくまで出題傾向を知る情報収集のためのものですから、何冊も買う必要はありません。

私が行政書士の勉強をしているときのことですが、他社の予想問題集と差別化をはかるためでしょうか、あえて難問奇問の類を載せている予想問題集に出合いました。

一瞬、心惹かれましたが、

「こんな問題が出たら皆できない」

「惑わされるだけ時間のムダ」

と切り替えて、スルーしました。

それよりも、**どの問題集にするかが決まったら、同じものを2冊買うのがポイント**。その理由は、あとで説明します。

② 勉強効率をぐんと上げるテキストの読み方とは？

書き込むことで理解が深まる。本はどんどん汚そう

テキストを読んでいると「第○章で述べたように」「前述したように」というフレーズが、よく見つかります。

そういう表記には、重要事項が書かれていることが多いので、該当する参照ページがどこにあるかがわかるように、直接本に書き込むのがコツです。

こうすれば毎回ページを探す手間が省け、関連する項目を理解できます。

同じ言葉が繰り返し出てきた場合も同じです。書き込むことによって、キーワードが体系的に理解でき、たとえ1つの用語を忘れても、関連する言葉から記憶がよみがえります。

これは問題集にも使えます。

答えを間違えた問題の解説文に、その解説に該当する本のページ数を書き込んでおけば、わかりやすく、理解もしやすくなります。

本の中には、あまり試験には出題されないような内容も載っていることがあります。**細かい部分まで勉強する時間のない人は、思い切ってその範囲に鉛筆で×をつけると、次回からは勉強に必要な範囲が確認しやすくなります。**

目次で全体をつかみ、索引で復習を

本のはじめには必ず目次がありますが、これは本の全体像を表しています。ですから、まず目次を見ることで全体の流れをつかみ、項目ごとに細かく勉強すれば圧倒的に効率が上がります。

次に使うのは、巻末にある索引を使いこなすことです。

語学の勉強であれば、表に「study」、裏に「勉強、学問」などとカードに書いて単語帳をつくれますが、資格などの特殊な勉強の場合は単語帳をつくるのは難しいでしょう。

しかし、索引を単語帳代わりに使えば、繰り返し復習ができて理解も深まります。ひと通り知識をインプットしたら、索引を見ながら、自分の言葉で意味やルールを説明できるか試してみましょう。

文章を上手に読んで、全体を把握

通学して講座を受けている人などは、その日のうちに勉強した内容を整理したほうがよいでしょう。しかし、頭の中にインプットしておこうと暗記にこだわりすぎると、逆に頭に入ってこないということになりかねません。

暗記することに夢中になりすぎるあまり、細部に気をとられ、全体の流れが見失われ、チンプンカンプンになってしまいがちです。

そんな時は、**文章全体を見て、その中にある「したがって」「しかし」などの接続詞に注目することです**。接続詞のあるところは、文章の展開が変わるところ。そこを意識して読めば、文章全体の構成がつかみやすくなります。

まず、文章の構成をつかみ、それから内容を読むようにすると頭にスーッと入ってきます。これは**試験の時の問題文も同じなので、普段から接続詞を意識して読むクセをつけておきましょう。**

このように、テキストを徹底的に活用すれば、お金も手間もかからず、実力が身につく問題集にすることができます。

本の目次の項目を見て、その項目の仕組みや意味を口に出して言えるよう、理解したことを振り返ってみましょう。

さらに、索引から目次の項目に関連する用語などを探し、意味や用法などを答えることで、さらに細かく見直しができます。

試験は択一式の問題が多いですが、口に出して答えられるくらいのレベルになっていれば、応用もきき、ひねった問題にも対応できるようになります。

テキストも問題集として十分機能するのです。

3 問題集を200%使いこなす方法

わからなくてもOK！ 過去問題集をひたすら読書しましょう

試験のための勉強なら、テキストと過去問題集は必要です。テキストで覚えて、問題を解くという手順がふつうですが、忙しい人にはもっとスピードアップが必要でしょう。

そこで時間のない人は、解けなくてもわからなくても構いませんから、とにかく問題集を読むのがコツです。まるで小説を読むみたいに、問題集を「解く」のではなくひたすら「読書」するのです。

こうして解答、解説まで読書し、○×問題ならあたりはずれだけではなく、解説や根拠までを読みます。

すると、「こういったニュアンスの言葉を使えばいいのか」「こういうところが大事なんだな」と、インプットする事柄の感覚がつかめてきます。

まず、問題特有の言い回しに慣れることがポイントです。

問題集を使いこなす記号の使い方

問題集を使いこなすために私が実際にやった工夫を紹介しましょう。

①問題を解く時には記号をつける

問題を解く時に、「正しいものを選択しなさい」という問題には、文章の上に鉛筆で「○」。「間違っているものを選択しなさい」には「×」をつけます。

このように、問題の形式にあわせて記号をつけるようにするクセをつけておくと、本番の試験の時にミスもなくなり、緊張して問題が頭に入ってこないということもなくなります。

「記号」を使って問題集を使いこなそう！

1 問題の形式にあわせて記号をつける

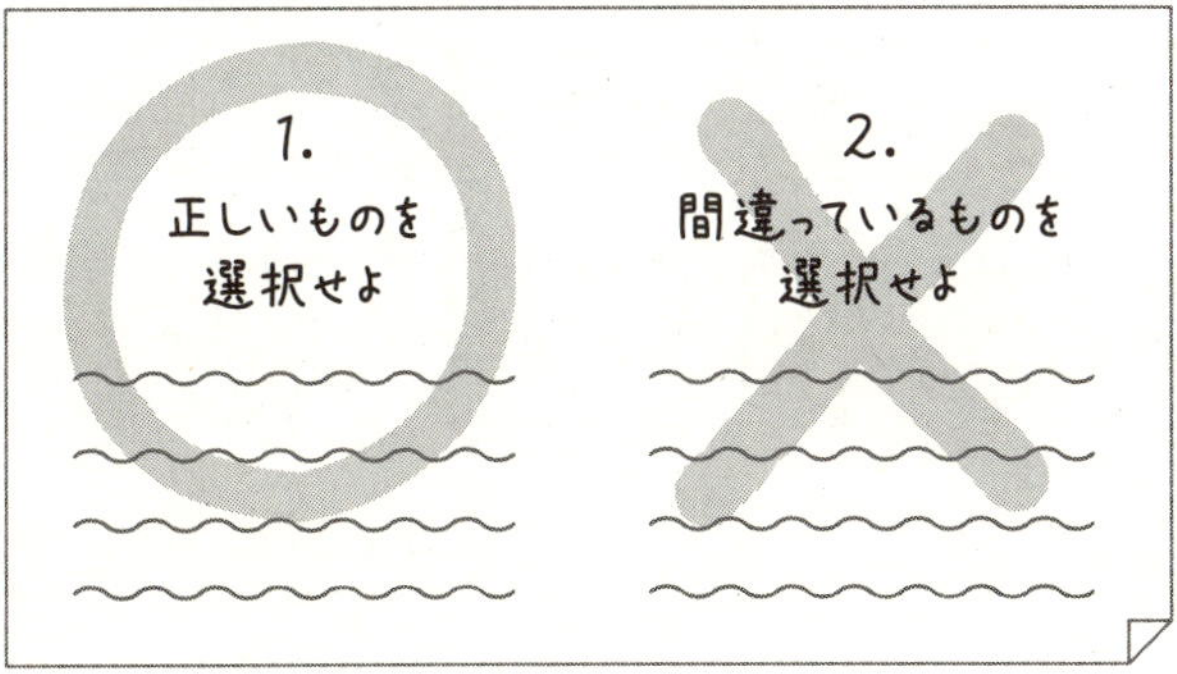

2 カンで正解した問題にチェックを入れる

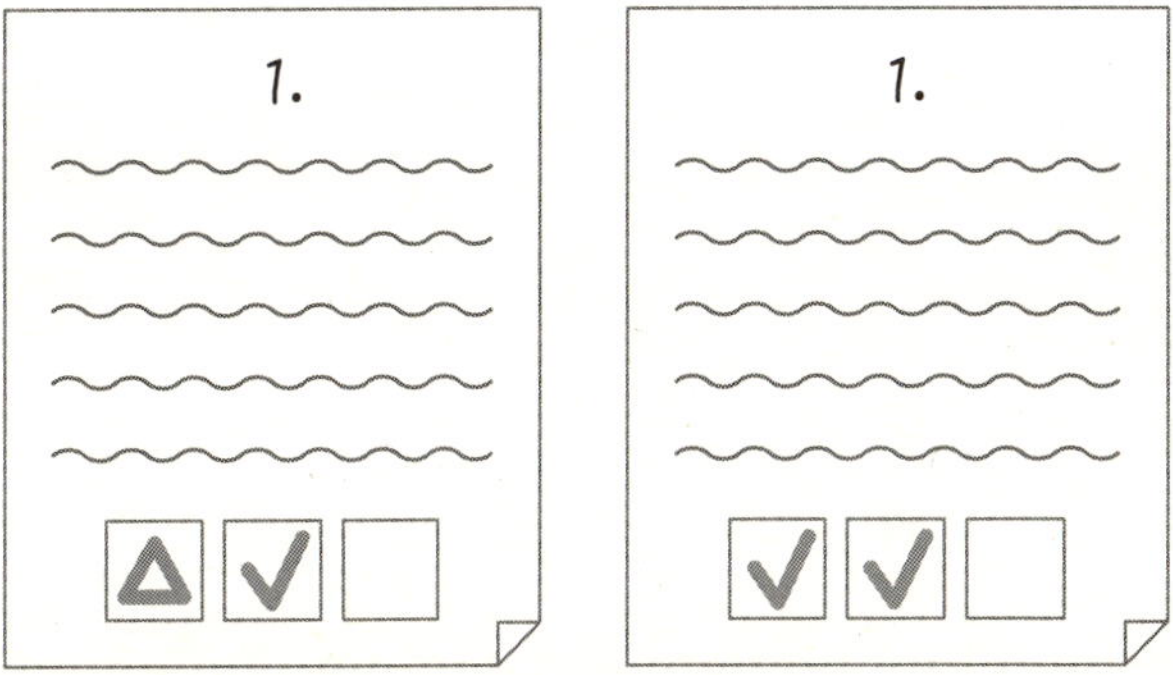

②なんとなく解けてしまったものは、根拠を明確にする

択一式問題や○×問題には、なんとなく感覚で解けてしまうものがあります。カンで正解したら、「なんとなくわかった」ということがわかるように、ふつうのチェックとは違う△や色の違うペンで印を入れておき、あとから他の選択肢をなぜ選べないのか、根拠を明確にしておきましょう。

忙しい人こそ実践してほしい「ビリビリ問題集」が大活躍！

忙しい社会人の強い味方が「ビリビリ問題集」です。

奇妙な名前ですが、前に説明した問題集の選び方で、「同じ問題集を2冊買う」のはこのためなのです。

使い方は、1冊を1ページずつ破いて、出かける時に携帯するだけ。

持ち歩く量は、5枚～10枚もあれば十分です。少し早めに着いた待ち合わせ時や、信号待ちの時間など、ちょっとした空き時間に取り出して、1問解いてみましょう。

ポケットやバッグから取り出すだけでとりかかれますし、終わったらたたんでしまうだけとお手軽です。

問題集を何種類も買うよりも、同じ内容の問題を繰り返し解いたほうが効率的で、理解が深まります。

家に帰ったら空き箱に入れるか、クリップでまとめておけばOK。ある程度勉強が進んだら、出題順や科目も関係なく、全部シャッフルして解いてみましょう。

順番をバラバラにするだけで、意外と解けなくなる問題もあるので、ジャンルの異なる問題にもすばやく対応する訓練になるはずです。

頭の切り替えが速くなり、問題に対しての反応速度も確実に上がるので、よいトレーニングになります。

理解がぐんぐん進む！簡単マーカー術

マーカーを引きながら本を読んでいると、あとから確認するとマーカーだらけということはありませんか？

これではマーカーを引いても、なにが理解できて、なにが理解できていないのかわかりづらくなってしまいます。

そこで私は、テキストや文献など勉強のための本は、読んだ回数によって文具を使い分けています。

1読目：わからないことや気になるところには鉛筆でアンダーラインを引きます。

2読目：それでもわからないことや重要なところには、マーカー（1色好きな色を決めておく）で　アンダーラインを引きます。

3読目：3読目でもわからなかったところは、マーカーで文字を四角で囲みます。

4読目：3読目に、四角で囲んだ部分を意識しながらじっくり読みます。そのうえで、絶対覚えたいところは四角で囲んだ部分の文字をマーカーで塗りつぶします。

こうして理解の度合いがわかると、知識の整理がしやすく、勉強も進みます。

文具ひとつでも使い方次第で、勉強の理解を深める武器になります。

何となくマーカーを使う。その色もバラバラで統一感がないようでは、思考の整理はできません。

勉強をする際は、手持ちの文具の使い方を点検することも、忘れてはいけない「必勝法」です。

自分にあった文具を使いこなそう

ボールペンや鉛筆、マーカーにしても、使う文具にはこだわってください。

選択のポイントは、自分の手になじむ、書きやすいものです。

特に筆記試験を受けていると、長い文を書いているうちに疲れてしまうので、書きやすいペンを使うことはとても大切です。

また、入学試験をはじめ、資格試験などマークシート方式の試験では、専用の読み取り機械で、マーク箇所を読み取ることをご存知ですか？

ＨＢの鉛筆とシャープペン（ＨＢ）、ボールペンと、それぞれ筆記用具でマークしたときの判定具合は、①ＨＢの鉛筆、②シャープペン、③ボールペンの順といわれています。

シャープペンが鉛筆より薄く判定されるのは、成分の違いによるもので、シャープペンの芯より鉛筆のほうが、黒鉛の量が多いため、光の反射のしかたが違ってくるということです。

またボールペンのインクには「炭素」成分がほとんど存在しないために「マークなし」と判定される可能性が高いといわれています。

見た目の濃さではなく、炭素の量で判定されることから、試験にはシャープペンより鉛筆をすすめる方が多いのです。

それに本試験で緊張をするとどうしても、筆圧が強くなりシャープペンを使えば、芯を「ぽきぽき」折りかねません。

これは焦りを誘うだけ、損です。

ですから**仕事では鉛筆を使用しない人も本試験に備えて、手に馴染む「ＨＢの鉛筆」を選び、使い慣れておくことをおすすめします。**

④「覚えられない」時のおすすめ暗記法

忘れることを恐れない！反復暗記法

人間は、忘れる生き物です。

良いことも悪いこともある程度忘れないと、頭の中はパニックになり生きていけないのです。

ですから勉強をする際も、「忘れて当たり前だ」、「すべてを一度で丸暗記するなんて、不可能」だと、認識しておきましょう。

大切なのは、忘れることを恐れない。

最低でも5回は「反復勉強」をすることです。

繰り返し確認することによって、記憶は頭の中に定着しやすくなります。

そうやって反復し、頭の中で記憶したと感じたら、その内容を図や簡単な絵にしてみましょう。うまく描ければ、十分に記憶として定着したしるしです。

また、記憶した内容を人に話したり、説明してみるのもおすすめします。

自分の言葉で解説できるぐらいになれば、内容を十分理解して自分のものにできたといえるでしょう。
2、3回で覚えた気にならないで、何度も反復するのが基本です。

五感を使った暗記法

五感を使った暗記もおすすめします。

たとえばリズミカルに歩きながら暗記をするのはいかがでしょうか？

テンポよくウオーキングをしながら勉強した内容について思い出したり、確認したりすると記憶が定着しやすくなります。

また、自分で覚えた内容を声に出すというのもいいでしょう。

記憶がよりしっかりと自分のものになります。

携帯やMDなどに自分の声を吹き込んで、それを再び聴く、というのを繰り返せば、すんなりと知識が頭に入ってきます。

DVDやネットなどの教材を使うと、話し方に違和感があったり、スピードがあわなかったりして、なかなか覚えられないということが間々《まま》あります。

簡単なものであれば、自作してみるのもよいでしょう。


私の場合は体操やストレッチをしながら覚えたほうが断然、知識の吸収が早いです。寝転がって暗記をしたほうが、調子が出る、踊りながら法律の条文を口にすると腑に落ちるという人もいます。

自分にあった「暗記ポーズ」を探してみましょう。

スクワットやロデオマシーン、足のマッサージ機など、機械任せで頭を使わないで身体を使いながら暗記するのもおすすめです。

五感の一部を閉じた臼井流暗記術

いろいろな方法を試してみたけれど、しっくりこない。

なかなか勉強した内容が覚えられないという時の暗記法のひとつに、五感の一部をシャットアウトする法があります。

私が実践しているのが、

①外の音を遮断するヘッドホンをしながら、照明を少し落とし、ジッと覚えたいところを見つめる
②目を閉じ覚えたいことを自分の声で録音したCDを繰り返し聞く
③静かな部屋で、ひたすら記憶したい言葉や文言をノートに書き続ける

このように五感の機能を制限すると、不思議と記憶に残るのです。

視覚、聴覚、触覚など、人によって五感の制限が向いている感覚は異なりますので、私の例を参考に、あなたも使い方を工夫してみましょう。

イメージを使った記憶術

何度覚えても忘れてしまうことや絶対に忘れたくないことは絵に描いて暗記しましょう。

描くことで、「覚える」のではなく「理解」につながり、記憶は定着します。

人の名前を覚えたい場合には、

①覚えたい人の特徴のある部分を絵で描きます

たとえばメガネやひげ、髪型などがよいでしょう。

②名前に関連したものなどを、絵にしてプラスします

中山さんであれば、ほどほどの大きさの山の絵、下川さんならば、川の絵、珍しい名前、たとえば伊勢波さんでしたら、伊勢神宮をイメージする鳥居と波の絵などを描きます。

初対面で趣味やグルメの話で盛り上がったとしたら、ひと言で、その人を思い出せるようなものを加えると、覚えやすいです。

サッカー好きならば、ボール。料理好きならばフライパン、ワインの話で盛り上がったならば、ワイングラスという具合です。


こうした工夫をしておくと、次にお会いした時に名前がすんなり出てくるだけでなく、相手が興味のある話題を振ることもできるので、好印象を抱いていただけます。

この記憶法は、人はもちろん勉強にも応用できます。

ちなみに故田中角栄氏は、人の名前を覚える名人で、一度お会いした方は名前で呼びかけたといわれています。これは感激しますよね。

想像できない数の人に毎日お会いしていたはずですから、それだけで「この人についていこう」「ひと肌脱ごう」と思うものです。

イメージを使えば覚えられる

中山さんの名前を憶えたい場合

中山さん

1

覚えたい人の
特徴である部分を
絵で描く
（例：メガネと髪型）

2

名前に関連したものなどを、
絵にしてプラスする
本好きなど、ひと言でその人を
思い出せるようなものを加えると
より覚えやすい
（例：「本」の「中」に「山」）

このように、勉強している時に
どうしても覚えられないことがあれば、
絵に描いてイメージで暗記しましょう

⑤ 勉強するのにノートはいらない

オリジナルノートは必要なし

勉強に、重要箇所を書き出したりまとめたりするノートは、必要でしょうか？

私はいらないと思います。

実際、私は取得した資格や試験を勉強しているときには、ノートをつくるということはしませんでした。

オリジナルノートをつくる一番の問題は、ノートをキレイに整えることにこだわって、大事な内容を頭にインプットする時間がなくなってしまうことです。

それに、せっかくオリジナルでノートをつくっても、そこに書かれていることは、テキストや問題集と何ら変わらないのが常です。

それならば、ノートをつくる時間に問題集を繰り返し解いて、本試験の感覚に馴染むほうが賢明です。何倍も時間を有効に使えます。

ノートは情報や知識を見やすくまとめるのが目的ですが、それならばテキストを上手に使いこなせば十分です。

本をノート代わりに使う

テキストや本がキレイな人は合格しません。

書き込みもなければ、疑問点のメモもないテキストは、使っていないも同然です。

当然、内容は理解していないでしょう。

経験則ですが、**短期間で資格や認定試験に合格する人のテキストは、汚い。**

他人から見れば、記号や数字、マーカーや絵なども描いてあったりと、意味不明でしょうが、それでいいのです。

書き込み、汚して、記憶する。忘れて、確認して、また書き込む。

そのたびに理解度が深まります。


テキストをノートの代わりにできれば、わざわざオリジナルノートをつくる必要はありません。

ですから、余白の多い本を買って、直接本に書き込んでしまいましょう。

自分の疑問や整理したことを書き込むだけで、「オリジナルテキスト」ができあがります。


もし、本に書ききれなければ大きめの付箋を貼り、そこにメモしておきましょう。

オリジナルノートをつくるのは、その人の自己満足。

「勉強している感」を覚えるだけではないでしょうか？

「間違いノート」をつくる

オリジナルノートをつくることは、おすすめしませんが、「間違いノート」は別です。

「間違いノート」とは、問題集を解いていて何度もミスをしてしまう問題についてメモをするノートです。

何度もミスしやすい場所をまとめることで、その悪いクセを直すことができます。

「間違いノート」をつくるのは、勉強がひと通り終わり、過去問題や予想問題で応用力をつけていく時期が相応しいでしょう。

資格を取ることを目標にしている人なら、試験の1カ月前からつくりはじめるようにします。

ノートとはいっても間違いやすいところを書き出し、是正するのが目的ですから、キレイに書こうとは考えないでくださいね。

小さくて持ち運びやすいノートを選び、科目や順番は気にせずに、ランダムにメモをしていけばいいのです。

その際、ミスをした日付や、問題の出やすさなどもメモし、きちんと理解できるまで、何度も見直すようにしましょう。

試験直前になって問題集をやり直すのは時間的に厳しいですから、自分の弱点が満載のこの「間違いノート」で最後の仕上げを行います。

「間違いノート」のつくり方

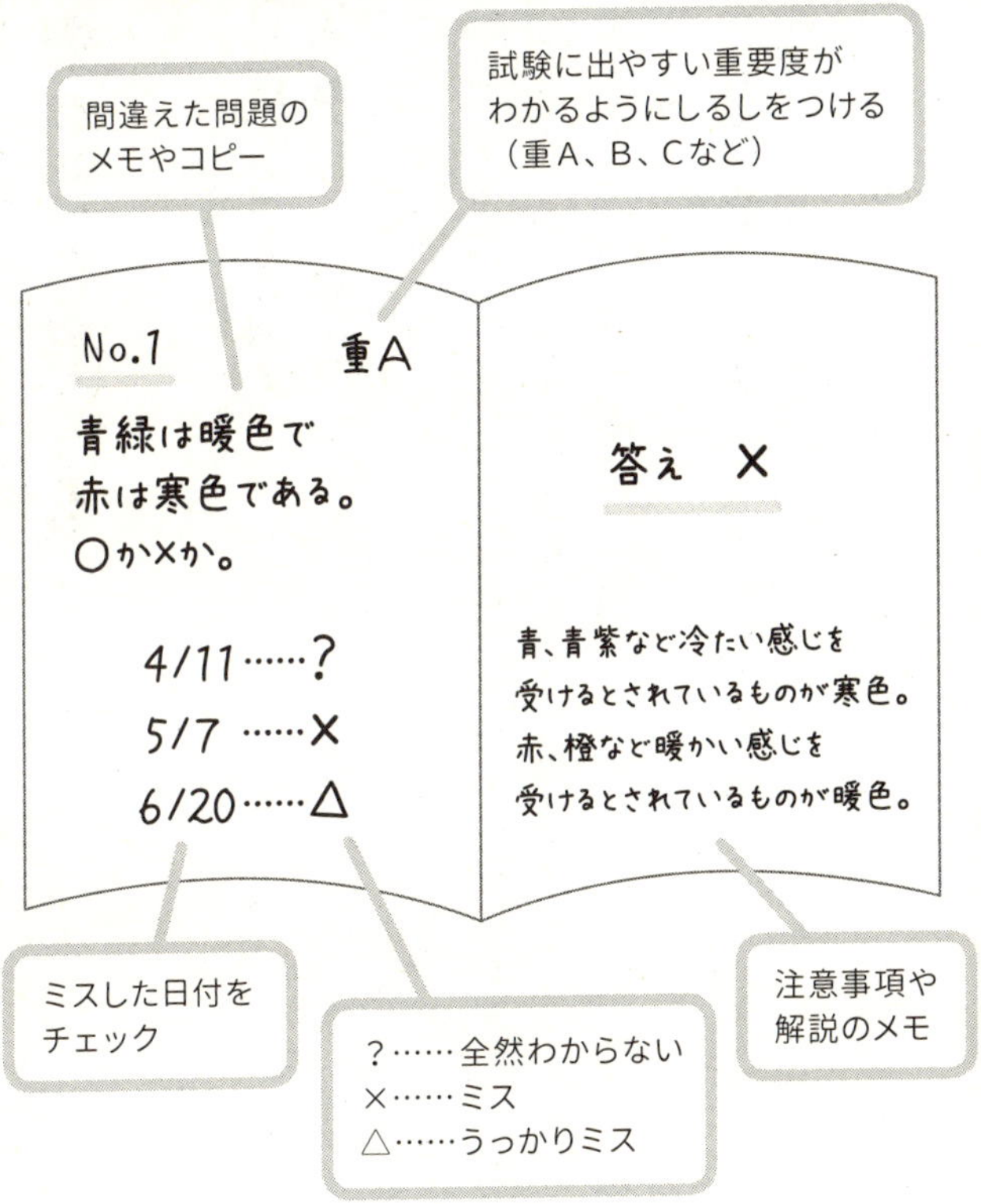
間違えた問題のメモやコピー
試験に出やすい重要度がわかるようにしるしをつける（重A、B、Cなど）
No.1
重A
青緑は暖色で
赤は寒色である。
○か×か。
4/11……?
5/7……×
6/20……△
答え ×
青、青紫など冷たい感じを
受けるとされているものが寒色。
赤、橙など暖かい感じを
受けるとされているものが暖色。
ミスした日付をチェック
?……全然わからない
×……ミス
△……うっかりミス
注意事項や解説のメモ

たまに見直しながら、
試験の直前に見て最後の仕上げをします。

⑥ 積極的な「休憩」が集中力を高める

15分勉強、5分休憩で集中力を切らさない

勉強が乗って、ずっと続けたいという日もあるでしょう。

私自身、「宅地建物取引士」の資格取得を目指して勉強を始めたころは、それまで馴染みがなかった生活に密着している「民法」や知っているようで理解していなかった「建物の構造」や「宅地」について学ぶのが新鮮で、時間を忘れ勉強にのめりこみました。

休日、自宅で勉強をしていたら、コーヒーを飲んでいるだけで食事を取らずお腹の虫が鳴って気づいたら夜ということもあったのです。

熱心なのはわかりますが、こういう姿勢はおすすめできません。

疲れを蓄積し、時間を費やしている割に身についていない。「勉強しているつもり」になりかねないのです。

勉強をする際には、基本的に15分で区切る習慣をつけましょう

人が集中できるのは、15分程度なのだと考え、15分勉強したら5分休憩というインターバルをおくことで、集中力が継続できます。

休んだばかりだけど「2~3分休憩しようかな?」と思いつつも、ついダラダラと休んでしまうというような時は、砂時計やタイマーなどを使って、時間の区切りを視覚的に訴えるようにすると、気持ちの切り替えがうまくなります。

ただし5分の休憩にテレビをつけたり、パソコンやメールに触れるのはNGです。ズルズルと休んでしまい、時間を大幅にロスするのが落ちです。

手や顔を洗う、アロマをたく、ガムを噛む、コーヒーを飲むなど、ほんの少しで気分転換ができる休憩の仕方を考えましょう。

上手に休憩をすれば勉強がグングン進む！

同じ分野の勉強を長時間続けていると、どうしても飽きます、マンネリになりがちです。そんな時は休憩をはさんで、別のジャンルの問題や、問題形式の違う勉強に手をつけるなど、変化をつけると勉強が進みます。

また、どうしてもはかどらない時は、ショートコントであればちょうど5分くらいなので、お笑い番組を見て大笑いするなど、勉強とはかけ離れたことを思い切ってしてみるとリフレッシュできます。

私はキャベツのせん切りやゴマをする、洗濯物にアイロンがけをするなど、家事を勉強のスパイスのように取り入れていました。トイレや鏡、靴を磨くなどもいいでしょう。他愛ないようなことが気分転換になりますから、自分なりの方法を見つけましょうね。

その他、ぬるめのお風呂にゆっくり浸かって、疲れた頭と体をリセットしてから、また勉強をはじめると、はかどります。

7 勉強場所を変えてリフレッシュ

環境やシチュエーションを変えれば、さらに集中が高まる

勉強に集中できない時は、環境を変えてみてはいかがでしょうか？

普段自宅で勉強しているのならば、図書館や資格学校の自習室、近所のオープンカフェなど、勉強する場所は無限にあります。

人によって勉強しやすい環境は違いますから、「勉強は自宅の机で行う」などと決めつける必要はないのです。

お気に入りのカフェを何軒か見つけておき、この勉強をする時はここでこの飲み物を飲む、など、自分の環境を切り替えるのも効果的です。

また、ずっと屋内にいるとネガティブになりがちですから、天気のよい日にはデパートの屋上や公園などでテキストや問題集を開くのもよいでしょう。

音楽の力を利用して集中力を手に入れる

静かな部屋で、ひとりで勉強をしていると、自分が出した音が気になってしまったという経験はありませんか？　人は自分に関係した物音には敏感ですが、周囲の物音はあまり気にならないものなのです。

そこで、おすすめなのはクラシックやジャズなどの音楽を、ＢＧＭにすること。音楽は脳を刺激して、活力を与え、勉強がはかどる効果があるのです。

ただし、音が大きいと気が散りますから、ボリュームは低めに設定しましょう。また、自分なりのがんばれるテーマ曲を決め、やる気のない時などに聴けば、活力がモリモリわいてきます。

ちなみに当時の私のお気に入りは、「ロッキーのテーマ」でした。

8 身近なところから英語力は伸ばせる

スクールに通わなくても語学の勉強はできる

語学を勉強したいと思った時に、ほとんどの人が語学学校に通うことを考えると思います。

しかし、語学を勉強するのに、語学学校へ通うことは必要でしょうか？

最初にまとまったお金を使うことでやる気が出るタイプの人には、おすすめですが、まったく外国語ができないうちから学校に通っても、プレッシャーや言葉の壁にぶつかってしまい、心から楽しめなかったりします。

「学校に通おうかどうか？」と迷っている人は、少し自分で勉強して、勉強の楽しさを知ってから決めるくらいがよいでしょう。

語学への最初の一歩は環境づくりから

語学を自分のものにするためには、何度もその言語にふれることが、なによりも大切です。

「外国語が話せるようになるには、海外に行ったほうが上達する」のは、紛れもない事実ですが、日本には実にたくさんの外国語があふれています。

考え方次第で、外国語に慣れることはそれほど難しいことではありません。

語学を修得するために大切なのは、自分の語学レベルが「初級・中級・上級」のどれなのかを知ることです。

これは、一般的な語学の知識としてのレベルではなく、自分がどれくらいその国の言葉に親しんでいるかで判断します。

たとえば英語なら、英語にふれる機会がほとんどないのであれば初級、映画が好きで、洋画をよく見ている人は中級、周りに英語が話せる人が何人かいる人は上級などに分けることができます。

それをもとに、初級なら中級を、中級なら上級をと、英語の多い環境へ行こうと意識するだけで、英語はもっと身近なものになります。

興味のあることから入ってレベルアップ

語学を楽しく勉強してレベルアップするには、まず自分の興味のあることから語学に入っていくのがいいでしょう。

料理が好きならば、料理の洋書、ファッションだったらファッション雑誌など、自分の趣味に関するものや興味のあるジャンルから入っていけば、グッと上達しやすくなります。

他にも、外国人向けの日本のガイドブックや、小中学生向けの英字新聞、電化製品や化粧品の取扱説明書、イケメン俳優が出演している海外ドラマや洋画を、字幕を見ないようにしながら観賞するなど、身近なものが優秀なテキストに変わります。

辞書を利用して語学力を高める

英語力をレベルアップしたいならば、英和辞書と和英辞書を1冊ずつ手もとにおきましょう。テレビやラジオなどで英語が流れたら、聞き取れたところだけでもその単語を辞書で調べます。

今はインターネットや携帯でも調べられますが、辞書ならば、調べた単語の周辺の情報も目に入るので、使い方や例文も一緒に覚えられます。

英語はひとつの単語を手がかりに、文章の流れをつかみやすいものですから、辞書をうまく活用しながら、推測して文章を読んだり聴いたりすると英語力がグンと上がります。

9 インプットしたらアウトプットしよう

覚えたことを、意識して使ってみよう

頭の中に知識をインプットしたら、どんどんアウトプットしていくことが大切です。資格の勉強なら、新しく理解した用語や言葉を、意識してどんどん使ってみましょう。会話の中に新しい言葉が増えると、勉強もさらに楽しくなっていきます。

英語などの語学の習得は、アウトプットが要です。

ひとりで学んでいると難しい「話す」トレーニングは、ラジオなどのネイティブの発音にあわせて声を出したり、自分の行動を英語で実況中継してみまし

ょう。

たとえば、料理をしている時は「いま、お鍋に野菜を入れました」などと、意識的に英語で話すクセをつけるようにします。

そうやって覚えた単語やフレーズは、どんどん使っていきましょう。

ラブレターで語学力がアップする!?

英会話の電話レッスンなら値段も手頃で15分ほどですから、時間のない人にもおすすめします。

電話は相手の表情やジェスチャーが見えないので、わかりづらいぶん上達も早いものです。

外国人の友達がいれば、「悪いけど5分間だけ英語で話して」とお願いしてみましょう。

また、学んだ言葉を使って「ラブレター」を書いてみるのも勉強になります。

「ラブレター」は自分の気持ちなので、商品説明などと違って書きやすく、結構楽しいものです。

あなたのこういうところが好きで、こんな色が似合うと思う、など、知っている言葉を駆使して、間違ってもよいので書いてみましょう。

なおラブレターは、対象とする人や渡す人がいなくても、仮想でいいのです。

外国料理のレストランで実地訓練をしよう

外国人と話せば、聞き取るのも話すのも上手になります。

外国人が多い飲食店などは、会話をする機会が多いのはもちろん、メニューやお知らせなども外国語で書かれているので、身近なところから外国話にふれられ、なじみやすい。

最初は勇気がいりますが、話しかけてみるのが上達への早道でしょう。

とにもかくにも実地訓練が一番です。

ある程度英語に慣れたら、英会話学校にチャレンジしてみるのもひとつの選択肢。ネイティブがたくさんいる学校では、きちんと努力すれば英語力はグンと上がります。英語を話す楽しさに目覚めます。

SNSを使ったアウトプット勉強術

今は誰でもSNSで情報発信ができる時代です。

ですから、興味があることや勉強していることについて「ブログやフェイスブックページ」をつくり、そこに覚えたことや勉強の内容を日記として書き込んでみましょう。

日記とはいえ、覚えていることや勉強したことを一度整理してからでないと書き込めませんから、より理解が深まります。

また同じことに興味があったり勉強している人と知りあえたり、情報交換ができるようになるかもしれません。

自分でブログやフェイスブックページをつくらなくても、たとえばカラーコーディネーターの勉強をしている人のＳＮＳを探して、そこに自分から書き込んでみるのも策です。

無料で便利なツール「ＳＮＳ」を勉強にも有効活用しましょう。

また勉強したことを、その分野に詳しくない友人や家族、恋人に説明するのも効果的です。

知識のない人にわかりやすく説明できれば、インプットした知識を自分のものとして活かしていることになります。

こうしてまた自分の中で理解していないところを確認したり、人に話すことで知識を反復することができるようになります。

⑩ 携帯電話より腕時計のすすめ

腕時計で「時間感覚」を身につける

最近、携帯電話があるので腕時計をしない人が増えているそうですが、時間の感覚を磨くためにも、腕時計をしましょう。

携帯電話の場合、ポケットやバッグからいちいち取り出さないと時間が確認できず面倒ですが、腕時計ならほんの一瞬で確認できます。それに、腕時計のほうが「時にふれる」機会が多くなり、体の時間感覚がより磨かれていきます。

この時間感覚を体が覚えると、勉強をするうえで大体どれくらいの時間が経ったか、1問解くのにはどれくらいの時間がかかるかなどがわかるようになり、時計を気にせずに問題に集中することができるようになります。

また、時計はデジタルよりアナログが断然おすすめ。デジタル時計は「あと30分で出かける時間だ」などと、時間を「量」としてとらえるには不向きです。その点、アナログ時計なら、長針と短針の動きを形で認識できるので感覚がつかみやすいのです。

勉強中、携帯電話はどうする？

勉強の妨げにならないよう、携帯電話の電源は切ってしまえればよいのですが、いつ大事な用事が入るか気になってしまうものです。そこで、マナーモードに設定しておき、前もって周囲には「電話に出られないけど、あとで必ず連絡するから」と伝えておくほうがスマートです。留守番電話の応答メッセージを明るく楽しいものにしておくと、相手に嫌な思いをさせずに済みます。

また、携帯のメールは大変便利ですが、ダイレクトに視覚に飛び込んでくるので、声で聞くよりも内容が強烈に感じやすく、勉強が手につかなくなる危険性もあります。勉強の合間に時間を決めてチェックするようにしましょう。

Column 2

試験当日に全力を出すコツ

試験前に新しい問題集に手をだせば「できない自分」を見つけて不安になったり……。マイナス思考になる恐れがありますから、しないに限ります。

試験当日は、「間違いノート」1冊あればよいでしょう。

また、縁起をかついで新しいペンで試験にのぞんだり、意気込んで新品の服で出かけたりする人を見かけますが、これはあまりおすすめできません。

着慣れた服から「勝負服」を選ぶようにしましょう。

当日は、特別なことはせずに、前もって本番のシミュレーションをしつつ、食事に気を配り、よく眠り、平常心で挑みましょう。

Part 4

スキマ時間を制する者は勉強を制する

——最小の時間で最大の成果を得るために

①忙しい人はスキマ時間を使いこなす

五感をひとつでも使えば、どこでも勉強はできる

机にかじりついているだけが勉強ではありません。アイデアさえあれば、どんなところでも勉強はできます。その「どこでも」という柔軟さが成功へのカギなのです。

たとえば目をつぶっていても、勉強したことを暗唱することはできます。また、車を運転している時ならラジオやＣＤを聴いたり、声に出して覚えたことを確認する。五感のうち、ひとつでも使える環境があれば、勉強はできます。

せっかく身についた勉強は、１日でもサボってしまえば、続けるのが難しく

なってしまいます。

どんなに忙しくても、一日15分くらいなら勉強はできるはず。一日15分できれば、1カ月、スキマ時間だけで450分も勉強したことになるのです。

家でのスキマ時間も侮れない

お風呂

お風呂は「ひとり問答」に向いている空間です。自分で問題を出して、自分で答える。これできちんと話せれば、しっかり理解ができているという証です。それにお風呂は声が響きますから、聴覚が刺激され、より理解が深まるのもポイントです。

また、面接試験を受ける人には、お風呂は、予行演習にピッタリの場でしょう。語学の勉強をしている人なら、発音の練習にも使えます。

トイレ

トイレはひとりきりになれる貴重な空間です。暗記したいことを紙に書いて貼っておけば、1日に数回は目にすることになりますから、自然と覚えられるでしょう。気合が入るような、モチベーションを上げるための言葉は、人に見られると恥ずかしいので、ひとり暮らしの人ならば、トイレに貼っておくとよいかもしれません。

外でのスキマ時間はこう使う！

移動時間

電車やバスの中では、ノートPCなどを膝に置き、机代わりにして勉強したり、携帯電話を使って、調べものをするのもよいでしょう。

ただし優先席に陣取ったりテキストを読むために、大きく手を広げたり。マナーに反することは、受験生以前に人として恥ずかしいことですから、慎みましょう。

また、車内の中吊り広告などを眺めて、勉強しているものに関係あるキーワードや単語を探したりすると、意外な発見があって面白いものです。

一見、勉強に関係のないところから、知識が広がっていくのは、大人の勉強の楽しみのひとつです。

ランチタイム

社会人にとって、ランチタイムは貴重な勉強時間でもあります。

この時間に少しでも勉強をしたいなら、食事の時は食事に集中することが大切。食べながら本を開いても、結局頭に入ってこないことがほとんどです。

食事は食事で楽しんで、そのあとお茶を飲みながら勉強をするほうが効率は上がります。

その点からいえば、定食屋よりもカフェのほうがおすすめです。

その他、お弁当のあとに、会社の屋上や近くの公園で勉強をするのも有意義な時間が過ごせます。

出張は
勉強する人の味方です

出張が多い人は試験合格者が多いと言われています。

意外でしょう。理由は、まず往復の移動に勉強の時間がとれること。また、ビジネスホテルは机もあり、静かで部屋が整っているので勉強に集中しやすいのも理由のひとつです。

それに、「ホテルで勉強」というのは、なんだかお洒落でステキなものです。

泊まりがけの出張が多いから勉強ができないのではなく、「泊まりがけの出張がある時は、勉強のチャンス！」と捉えましょう。

ただし勉強に夢中になって、商談の準備をするのを忘れてしまうと、帰りは勉強どころではなくなってしまうので気をつけましょう。

②「スキマ時間リスト」を準備しよう

スキマ時間リストで時間を有効利用

勉強は、どんなに少しずつでも毎日続けることが大切です。

1日でも空いてしまうと、勉強グセも簡単になくなってしまいます。コツコツ続けるには、スキマ時間に5分でも10分でも勉強をすることが重要なのですが、この短い時間に何をするべきかわかっていないと、結局その時間をムダにしてしまうことになりかねません。

そこで、5分なら「勉強した内容を暗唱する」など、スキマ時間に何ができるのかを書き出した「スキマ時間リスト」を事前につくっておきましょう。

「5分でこんなことができる」
「10分ならここまでできる」と意識し、達成感を得ることで、どんどん勉強が進みます。

書き込む時のポイントですが、
●本に書いてあることを実践するのではなく自分の言葉で書く
●「〜したい」「〜しよう」ではなく、「〜する」と断定で書く
●無理をすれば、10分でできることは15分の枠に入れる
そうしないと、できなかった自分が嫌になってしまうので、無理や無茶なことは書かないのがコツです。

書き込み式　スキマ時間でできることリスト

5分 STUDY	WORK
●	★
●	★
●	★
●	★
●	★

10分 STUDY	WORK
●	★
●	★
●	★
●	★
●	★

15分 STUDY	WORK
●	★
●	★
●	★
●	★
●	★

③ 時間密度を高める「1週間」の使い方

1週間は金曜日からはじめる

あなたにとっての1週間のはじまりは何曜日ですか？　会社は月曜日からはじまるので、ほとんどの人が月曜日を週のはじまりと考えるのがふつうだと思います。

でも、時間密度を高め、勉強を効率よく進めるためには、1週間のはじまりを「金曜日」に設定してみましょう。

次に、1週間の終わりを水曜日として意識するようにします。

木曜日には水曜日までの仕事を振り返ってチェック、そして金曜日は将来の仕事を見すえつつ、翌週の仕事の準備をする。

こういうリズムで1週間を過ごせば、仕事をスムーズに終わらせることができ、勉強時間もつくりやすくなって、勉強の効率も上がります。

「1週間スケジュール」はこうしてつくる

一例として、金曜日から始める「1週間スケジュール」を紹介しましょう。

金曜日

金曜日は、将来の仕事を見すえつつ、月曜日からの仕事の準備や、仕事の確認をします。

土日や祝祭日

仕事は休みだとしても、勉強はおやすみというのでは、勉強グセや体調など、リズムが狂います。

休みだからと、遅くまで起きたり朝寝坊などしないで、普段どおりのリズムで睡眠をとる、食事時間も同様にとる。
それは翌週の仕事や勉強に関わりますから、注意しましょう。

月・火・水

月曜〜水曜は、本来1週間でやるべき仕事をこの3日間できちんと終わらせるつもりで仕事のスケジュールを組み、とりかかりましょう。

木曜日

木曜日には、水曜日までの仕事を振り返って進捗状況や問題点のチェックをし、問題があれば原因を調べましょう。

④ テレビ番組やDVDを有効活用しよう

観たいテレビは勉強が終わった後のご褒美に録画しておく

観たいテレビ番組がある場合は、録画しておいて、勉強が終わったあとのご褒美としてとっておくのがおすすめです。

楽しいことを先にしてしまうと勉強へのモチベーションが下がってしまいがちになるのが人情です。先に苦しいことをして、**楽しみをあとにとっておくほうががんばれます**（そうはいっても、ここまで読んできたあなたならば、勉強が苦しいとは、思わないはずですが）。

録画をする時は、あえてCMも録画してみてはいかがでしょうか？

車内で中吊り広告を見て意外な発見があるように、CMには限られた時間の中で製品のよさや機能をわかってもらうための「キーワード」がちりばめられています。そこから、勉強していることや興味のあることについて、ヒントを見つけることができるかもしれません。

海外ドラマでイケメンを先生にする

お気に入りの海外ドラマのＤＶＤを語学の教材にすれば、楽しみながら語学力もアップして一石二鳥です。

この場合、吹き替えですと役に立たないので、字幕版を利用すること。ＤＶＤでは副音声に切り替えたり、字幕を消したりと設定が変えられるので、うまく活用すれば、優秀な教材になります。

上達すると、字幕を見なくても意味がわかったり、誤訳を発見したりと嬉しい驚きもたくさんあります。

好きな俳優が出演しているから、話題のドラマだからなど、興味のあることをきっかけにして語学を自分のものにしてしまいましょう。

5 毎日のルーティンは「パターン化」して時間効率をアップ

事前の準備が時間効率を向上させる

時間を上手に使うためには、「パターン化」をして時間効率をアップさせることが大切です。

たとえば朝、なにを着たらよいのか迷い、出かけるのに時間がかかってしまったことがあると思います。

こんな毎日のルーティン作業は、事前に自分の中でパターンをつくっておけば、時間をロスすることがなくなります。

デスクワークの多い日はシワになりにくい素材のスカート、初対面の人に会う日は自分に似合う色のスーツ、勝負をかける日は気合を入れるために赤をプラスするなど。

ある程度、洋服や小物をパターン化することによって、迷ったり着替え直したりするムダな時間を省くことができるのです。他のことにも応用して、時間効率をアップさせましょう。

食事のメニューもパターン化する

毎日の食事にもパターン化が役立ちます。

いつもなにを食べるか迷って、メニューの中を行ったりきたりしていませんか？　オフィスでのランチタイムや、忙しい平日の夕食に毎回こんなことをしていれば、貴重な時間をムダづかいしていることになります。

たとえば、月・金はパスタでそれ以外は和食かパン類などと、食べるメニューを決めておけば、毎回、長時間悩むことはなくなるはずです。

わずかな時間に思えるかもしれませんが、積み重ねを考えると侮れません。

⑥ 「ムダな時間」はこうすればもっと省ける

考える時間は「15分」と決めてみる

時間を有効に使うには、いかに頭の切り替えを上手にできるかにかかっています。仕事中にものを考える時、なにも浮かばないとつい長い時間ずっと同じことを考えてしまいがちですが、これは貴重な時間のロスです。

長時間考えても集中力は切れてストレスもたまり、よい結果が出ることはまずないと言えるでしょう。

たとえば考える時間を15分と自分の中で決めてしまうことで、頭の切り替えがスムーズにできるようになります。

15分考えても答えが出ない時は、仕切り直しができるように、時間を区切って考え事をするクセをつけましょう。

こうすることによって、仕事の効率が上がり、そのぶん勉強にあてる時間もふやせます。

「100点」を目指さなくていい

「どうせ勉強するなら完璧を！」と、あまり出題されない問題や、マニアックなことまで気になってしまうことがありますが、それは危険です。

資格試験の合格を目指しているのなら、その問題は、本当に大切な時間を使ってまでやるべきことなのでしょうか？　使える英語を身につけたいのなら、今は使われていない古い言い回しや、文法の細かい点にこだわる必要はあるでしょうか？

最終目標を決めたら、範囲を広げすぎず、その目標に向かって効率よく進めることが最重要課題です。

たとえば試験の合格点が70点なら、70点より少し上を目指せばよいのであって、１００点を取る必要はありません。

新しい問題や細かい部分にとらわれるくらいなら、絶対に落としてはいけないところをもう一度見直すほうが絶対に有意義です。

完璧主義にならず、時間を上手に使って知識を吸収していきましょう。

7 新聞を使った意外な情報収集術

新聞は広告とベタ記事に注目する

社会人であれば新聞を読むのは必須といえますが、新聞を最初から最後まで目を通そうとすると時間がかかるため、コツをつかんで読むことが大切です。

まず、**読まずに眺めるような感じでひと通り目を通します**。

そしてじっくりと読みたい記事があれば、昼休みや通勤時間に読むようにします。

ベタ記事（新聞の下の扱いの小さな記事）にも注目しましょう。ここには、企業トップの情報や金融機関の情報なども載っていることがあり、経済の動きを知ることができます。

広告欄もチェックしましょう。広告は消費者のニーズを一番示しているものですから、世間がなにを求めているか、どんなものが流行しているかを手軽に知ることができます。

積極的な情報収集が勉強のキッカケになる

地方へ行った時などは、そこでしか買えない新聞やミニコミ誌、ＣＭなどを積極的に見て回りましょう。

すると、その地方での流行や、どんな郷土料理があるのかなど、こんなことを知らなかったというような記事が並んでいます。その中で興味を持ったことを調べてみるのも勉強です。

それがキッカケで、自分が本当にやりたいことが見つかるかもしれません。

また、スポーツ新聞の社会面であれば、一般紙にくらべて内容も簡単なので読みやすい。その中で気になった記事を一般紙でフォローするやり方もおすすめです。

おわりに

「さあ、勉強するぞ！」

「資格を活かして、お金持ちになる！」

本書を読み終えたあなたは、やる気に満ちあふれていることでしょう。ぜひ、今の気持ちを忘れず、あなたが選んだ道を邁進してください。

仕事を抱えながら、短期間で資格や検定の合格を果たす。それらを活かし、「お金持ち」になるのは、特別な人ではありません。どちらかといえば、学生時代は優等生とはほど遠い、普通の人たちです。

なぜ、彼らは「お金持ち」になれたのでしょうか？

それは「手っ取り早く身につける」大人の勉強法を理解し、疑うことなく実践。「資格」という武器を手に入れた。そして「資格」に甘えず、「資格取得者」という看板＝「信用」を活かしながら、行動したからです。

「勉強は嫌いだ」というあなたも、お金は好きでしょう？

「飽きっぽいから勉強は向いていない」というあなたであっても、短期間でお金は好きでしょう？金というリターンが得られるのならば、勉強しないのは損でしょう。


有資格者や合格を目指す方には、資格取得に関心があっても、そこから先の活かし方をあまり考えていない人が多いといえます。

そこに、資格をビジネスのツールとして捉え、自由な発想で行動するあなたが参入したら、どれほどの利益を得られるかしれません。

それでもあなたは、勉強することをためらいますか？

「お金持ち」になる道を、閉ざしますか？


世の中は、正しい努力をした人が成功を収めるようにできているのです。

だからあなたも、行動を起こしましょう。

資格を思う存分に活かしながら、稼いでいる自分の姿を強烈にイメージしながら、踏み出しましょう。
本書があなたの味方になれば幸いです。

臼井由妃

本書は、２００９年１月にＰＨＰ研究所より刊行された『仕事ができて夢もかなう勉強の法則』を文庫化にあたり大幅に加筆・修正し、新規原稿を加えて再編集したものです。

青春文庫

お金《かね》持《も》ちになる勉強法《べんきょうほう》

身《み》につけたことが即《そく》、お金《かね》と夢《ゆめ》につながる

2017年 3月20日　第1刷

著　者　臼井《うすい》 由妃《ゆき》

発行者　小澤源太郎

責任編集　株式会社プライム涌光

発行所　株式会社青春出版社

〒162-0056　東京都新宿区若松町 12-1
電話 03-3203-2850（編集部）
03-3207-1916（営業部）
振替番号　00190-7-98602

印刷／中央精版印刷
製本／フォーネット社

ISBN 978-4-413-09667-6

ほんとうのあなたに出逢う◆青春文庫

「めんどくさい人」の心理

トラブルの種は心の中にある

なぜ、あの人はトラブルをいつも引き寄せるのか？　職場・家族・人間関係で人とモメない心理学

加藤諦三

(SE-664)

誰も知らなかった日本史 その後の顚末《てんまつ》

厳しい弾圧で「棄教」した二人のキリシタンの謎と真実…ほか結末に隠されたドラマに迫る！

歴史の謎研究会［編］

(SE-665)

子どもの心に届く「いい言葉」が見つかる本

その「ひと言」には、人生を変える力が宿っている——。悩める心に寄り添う珠玉の名言集。

名言発掘委員会［編］

(SE-666)

お金持ちになる勉強法

身につけたことが即、お金と夢につながる

何から勉強したらいいのかわからない人、スキルアップしたい人、お金につながる資格を知りたい人にオススメ！

臼井由妃

(SE-667)